SUN ZI

孙子的故事

王艳娥 ◎ 主编

榜样的力量

榜样的力量是无穷的，好的榜样能给我们积极的思想、正确的行为、良好的习惯、完善的人格。树立了榜样就等于找到了自己前行的方向。

榜样是无比强大的力量源泉。

图书在版编目（ＣＩＰ）数据

孙子的故事 / 王艳娥编著. -- 长春：北方妇女儿童出版社, 2010.2（2021.1重印）
（榜样的力量）
ISBN 978-7-5385-4367-4

Ⅰ.①孙… Ⅱ.①王… Ⅲ.①孙武（前533～?）—传记—少年读物 Ⅳ.①K825.2-49

中国版本图书馆CIP数据核字(2010)第020187号

孙子的故事
SUNZI DE GUSHI

出 版 人：刘　刚

责任编辑：张　力　刘聪聪　于　潇

开　　本：650mm×960mm　1/16

印　　张：12

字　　数：128千字

版　　次：2010年2月第1版

印　　次：2021年1月第6次印刷

印　　刷：三河市三佳印刷装订有限公司

出　　版：北方妇女儿童出版社

发　　行：北方妇女儿童出版社

地　　址：长春市福祉大路5788号

电　　话：总编办：0431-81629600

定　　价：33.80元

序言

"江山代有才人出"，在人类历史的长河中，涌现出一大批影响世界的风云人物。他们或者是杰出的政治家，凭着超乎常人的坚强毅力为国家和民族的前途引路；或者是卓越的科学家，为探索自然奥秘、改善人类生活而不懈努力……总之，他们由于在某一方面做出了杰出的贡献，已成为历史长河中的航标，引领着人类走向更加深邃的精神世界和更加精彩的物质世界。

这套丛书不仅告诉你名人成功的事实，更重要的是展示他们奋斗的历程，展现他们在失败和挫折中所表现出的杰出品质，从中我们可以吸取一些有益的精神元素。

这套丛书具有以下几个特点：

一是人物全面。本套丛书精心选取了从古至今全世界40位具有代表性的政治家、科学家、文学家、艺术家……这些人物均在各自的领域做出了卓越的贡献，对人类历史产生了重大影响，因此被广为传颂。

二是角度新颖。本套丛书不是简单地堆砌名人的材料，而是选取他们富有代表性或趣味性的故事，以点带面，从而折射出他们波澜壮阔、充满传奇的人生和多姿多彩、各具特点的个性。

三是篇幅适当。每篇传记约10万字，保证轻松阅读。本套丛书线索清晰、语言简洁、可读性强，用作学生的课外读物十分理想，不会加重他们的负担。

四是一书多用。本丛书是一部精彩的名人故事集锦，能够极大地开阔青少年的视野，同时还可以作为中小学生的写作素材库。

培根说："用名人的事例激励孩子，胜过一切教育。"榜样的力量是无穷的，而名人是最好的榜样，向名人看齐，你将离成功更近！

　　孙子，即孙武，他出生在齐国一个贵族家庭里。优越的家庭环境，使孙武从小就得以阅读各种军事典籍；加上当时战乱频繁，他的祖父、父亲又都是善于带兵作战的将领，这些都对孙武在军事能力方面的培养，起到了重要的作用。

　　孙武生活的齐国内乱不止，他深感自己无用武之地，便离开齐国去往吴国。孙武来到吴国后，结识了伍子胥。两人十分投机，遂结为密友。当时吴国的局势也动荡不安，于是两人避隐深居，待机而发。到了公元前515年，阖闾即位。他礼贤下士，任用伍子胥、孙武等一批贤臣，训练军队，积蓄粮食，建筑城垣，从此吴国呈现出一派欣欣向荣的景象。在吴国国力逐渐强盛之后，孙武开始帮助吴王消灭楚国，柏举之战中，孙武以三万吴军大败二十万楚军，攻灭了强楚，震惊中原诸国。

　　但吴王在称霸后却开始变得骄傲起来，并将伍子胥杀死。孙武明白鸟尽弓藏的道理，于是退隐江湖，并以其战争经验完善兵法，使之成为一代巨著。而孙武之所以被后人所称道，最主要的是他为后世所留下的那部兵家圣典——《孙子兵法》。

　　《孙子兵法》内容包罗万象、博大精深，涉及到战争规律、哲理、谋略等方面的内容，从而使孙武成为中国乃至世界的伟大军事家。《孙子兵法》在西方被译作《战争的艺术》，享有"兵学圣典"的美誉，被誉为东方商战的"圣经"。

CONTENTS 目录

CONTENTS

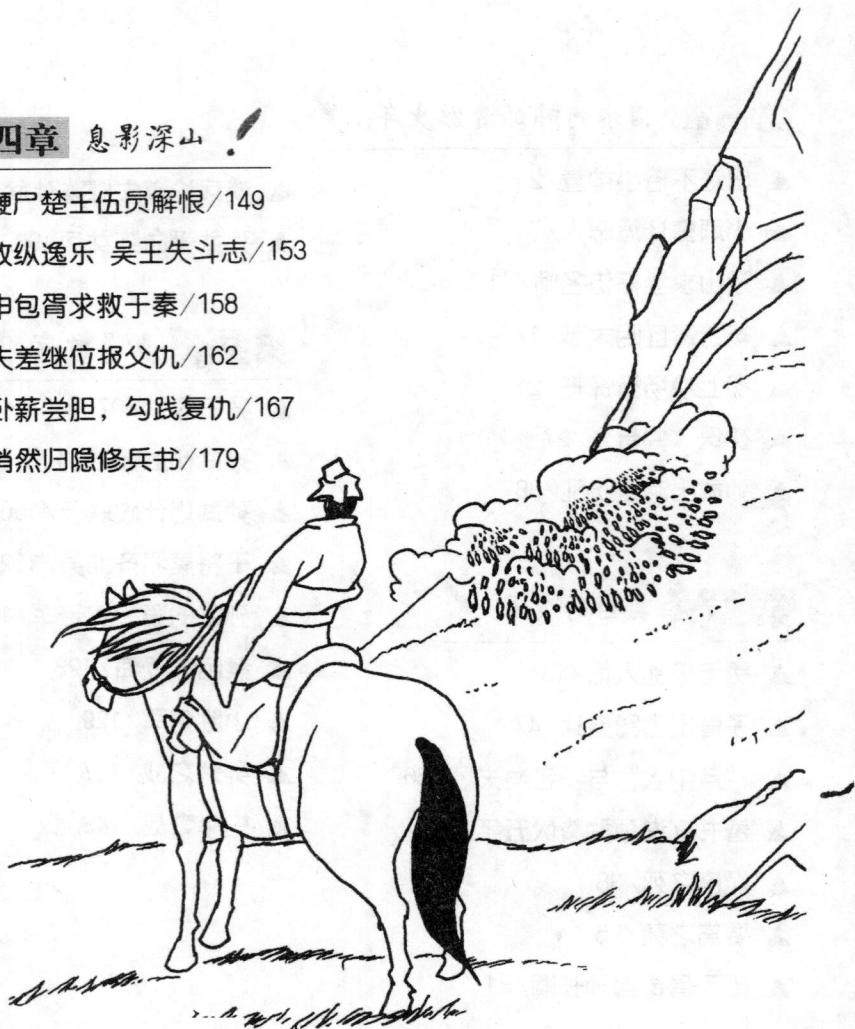

第一章

淄水河畔的贵族少年

◆ 出语不俗小神童
◆ 小顽童计惩恶人
◆ 蒙山求学拜访名师
◆ 畅游青丘明大志
◆ 初上沙场露锋芒
◆ 初识《鞮奇》
◆ 孙武出游避纷乱

✸出语不俗小神童✸

滔滔淄（zī）水自南而来，穿过齐国都城临淄，接着又曲曲弯弯地奔向了莱州湾。在淄水河旁边有个田家庄，里面住着当时齐国的名门贵族孙书。他地位显赫，权倾一时，被齐景公赐姓孙氏，所以世人称他为孙书，他是孙武的爷爷。孙武就是那位被后人尊称为孙子的，春秋末期伟大的军事家。

◎孙书：字子占，孙武的祖父，名门之后，齐景公二十五年（前523年）秋，齐王命大将高发率师、孙书为主将去伐莒（jǔ）国。孙书伐莒胜利后，齐景公很高兴，就赐他将田氏改为孙氏，做了齐国的大夫。后人也称他为孙书。

孙武小的时候，由于他的爷爷和父亲长年带兵在外，没有多少时间对他进行教育，所以，教育、培养小孙武的担子，几乎全落在了年轻的母亲——范玉兰一个人的肩上。小孙武的母亲出身名门，受过良好的教育，在小孙武刚刚会走路的时候，就开始给他讲古代英雄的故事以及神话、野史杂闻。

这些故事深深吸引着小孙武，并激发起他无限的想象力与认真学习的欲望。他们母子俩一个讲得娓娓动听，一个听得津津有味，从开天辟地的盘古，到炼五彩石补天和抟黄土造人的女娲，再到在外治水十三年三过家门而不入的大禹；从逐日的夸父，到移山的愚公等等。

　　然而充满好奇心的小孙武并不满足于此，他常常会询问自己的母亲一些问题，他的母亲也常常被问得目瞪口呆，不知如何回答才好。比如：在听了盘古开天地的故事之后，小孙武就会问，既然天地未开之前，宇宙混混沌沌如一个鸡蛋那样大，那么盘古是从哪儿来的？还有他那把开天辟地的大斧又是谁给他制造的？在听了愚公移山的故事之后，他又问，愚公为什么不把家搬离大山居住？搬家不是比搬山更容易、更简单吗？

　　每当这时，母亲总显得不知该如何回答才好。有一次，范玉兰给儿子讲唐尧的故事，在她的描述中，尧是个至仁至圣的谦谦君子，是没有一点缺陷的完人。"尧真的有那么完美无缺吗？"小孙武好奇地打断了母亲的话。小孙武的话，将母亲吓了一跳："那是自然。"

　　小孙武理直气壮地反驳说："尧有臣子相柳、孔壬（rén）、三苗，他们都是祸国殃民、死了也不足以可怜的人，尧却对他们大仁大德，再三地宽恕他们的滔天罪行。鲧（gǔn）奉尧命，治水九年，抛妻别子，远离亲人，吃

◎相柳：一个蛇身九头的怪物，身体巨大得能同时在九座山头吃东西，它不断呕吐毒液形成恶臭的沼泽，发出的臭味甚至能杀死路过的飞禽走兽。它随共工发洪水伤害百姓，后来遇到一心治水的禹，共工不能战胜禹，遭监禁，相柳逃走。逃走后的相柳继承共工遗志继续作怪，禹便杀死相柳，但是相柳的血液腥臭，流淌过的土地五谷不生，弥留之际流出的口水更形成了巨大的毒液沼泽。

尽了苦头，后来由于暴雨、地震等天灾从而使所筑的堤防一朝坍塌，给百姓造成了更为惊心的灾难，尧就轻易将他处死。尧对相柳等人为何如此宽容，而对鲧却

◎鲧：在《史记》的记载中，鲧是被尧的几个大臣推荐治水的，当时的尧对鲧不太放心，但是由于没有合适的人选，最终尧还是起用了鲧，后来因为他治水方法不对导致失败，而被尧所杀。

又如此残酷？两相对比，这难道就是尧所谓的公平？所以孩儿认为尧之处事也并不是没有缺点的，不知孩儿说得对不对？"

小孙武的一席话，顿时让自己的母亲无话可说。看着眼前一副小大人模样的儿子，范玉兰喜悦之余，又不免增添了几分忧虑。她高兴的是孙武小小年龄，对事情就能有这么独到的见解和分析，日后定能有所作为；忧虑的是，以自己的知识水平，日后恐怕很难满足小孙武的求知欲与好奇心了。

小孙武除了爱听故事之外，还有一个最大的爱好就是看书。孙家的阁楼收藏了许多的兵书，小孙武从小就喜欢爬上阁楼，将这些竹简拿下来翻看，如果遇到什么不明白的问题就去找自己的爷爷、父亲或者老师问个明白。

一次，孙武读到"国之大事，在祀（sì）与戎（róng）"，他不太明白，就跑去找自己的老师问道："先生，祀是什么？戎是什么？"小孙武的老师因为孙武老是拿一些"古怪"的问题问自己而感觉头痛不已，所以一见到他有问题要问时，不等他张嘴心里就开始琢磨该如何回避了。可今天见他问的问题比较简单，于是笑了笑随口说道："祀

是祭祀，戎是兵戎。"

孙武接下来又问道："祭祀是精神上的寄托，怎么能和兵戎相提并论为国家的大事呢？"老师一时答不出来，这时孙武又接着说道："只有兵，才是国家的大事，君臣不可不察的大事。"

到了八岁，小孙武被送进"庠序"（当时政府所办的正规学校）接受系统的基础知识教育。小孙武天资聪颖，对那些艰涩繁杂的文化课程，看三两遍就能记下来。所以，当其他同学还愁眉苦脸地埋头苦读时，他却因早已记熟而跑到外面玩去了。

一次，老师以为他贪玩不好好学习，就将他叫了回来，打算责罚一顿。谁知当老师问起刚刚学过的课文时，小孙武居然能对答如流，一字不差。老师一时也找不出什么责罚的理由，只好随他去了。

就这样，老师慢慢看出小孙武有着异于常人的天赋，将来必成大器，于是教育起小孙武也就格外用心了。

在接下来的训练和学习中，孙武对"射"和"御"投入了比其他学生多数倍的努力。孙武刻苦练习的态度，甚至达到了废寝忘食的地步。

在刻苦练习之下，小孙武很快就成了掌握这两项技能的同辈贵族少年中的佼佼者。

孙武没有满足，依旧是冬练三九，夏练三伏。此时，孙武心中朦朦胧胧地有一个理想，那就是长大后要像他的祖父孙书一样，成为一名驰骋疆场的大将军。

❋ 小顽童计惩恶人 ❋

　　小孙武不仅聪明好学、温和善良，而且还智勇过人，同情弱小、嫉恶如仇。在田家村里住着一个财主，叫田兴旺，因祖上曾当过小官，所以到他这一代手里还有几十亩田产，他就靠着收田租过日子，整日锦衣美食，吃喝嫖赌，在家里呼奴唤婢，出门欺弱凌寡，简直坏透了。

　　田兴旺四十三岁那年，他的结发夫人李氏突然病逝了，留下一个儿子叫小六子，才十二岁。李氏死后，田兴旺因不甘寂寞，又娶了一个漂亮的小老婆柳氏。自从柳氏过了门，田家就不曾安静过，她天天和田兴旺一起使性弄气，与家仆打鸡骂狗，对邻居指桑骂槐，弄得鬼见愁似的人见人躲，人见人怕。尤其是柳氏有了自己的儿子之后，在家里越发的无法无天了，为了让自己的儿子能继承家业，她视小六子为肉中刺、眼中钉，想尽一切法子折磨他。她不仅让小六子穿烂衫，吃得猪狗不如，而且还让他每天喂猪、养狗、打扫庭院，与家中的奴仆差不多。

　　看到自己的儿子被如此折磨，田兴旺难道就不心疼吗？可是恶人自有恶人磨，田兴旺早被柳氏整得服服帖帖的了。而且柳氏长得漂亮，又给他生了个小儿子，所以他对柳氏虐待小六子的事情也是睁一只眼、闭一只眼。

　　对小六子的遭遇，小孙武虽有耳闻，只是无缘见面。一天，二人在大街上碰到了一起，小孙武见小六子面黄肌瘦、衣衫破旧，哪像个地主家的少爷，简直还不如自己家中的二

等下人。他觉得小六子十分可怜，于是上前给了他几个刀币，与他攀谈起来。开始小六子怯生生地不敢多说，后来发现小孙武善良温和，待人和气，才放开胆子与他聊了起来。

得知了小六子在家中的详细情况之后，小孙武由怜悯、同情变为忿然不平，他决心为小六子出口恶气，教训一下柳氏与田兴旺。小孙武向小六子说道："我可以帮你出口恶气，不知你有胆量没有？"

小六子听了，说："继母巴不得我早死，父亲又视若不见，与其这样活受罪，还不如大家拼个你死我活图个痛快！你说我有没有胆量？"

小孙武笑了笑说："死倒是用不着，你按我说的话去做就行了。"

小六子说："你说来听听？"

小孙武说："现在我还没想好，等我想好了再找你。"

就这样，两人又聊了一会儿就分开了。第二天下午，小孙武在山坡上转悠着玩，忽然一条缠在树上的青竹蛇将他吓了一跳。就在他被这条青竹蛇吓一跳时，一个计谋也在小孙武的脑海中闪现。他赶忙跑过去，将蛇打死后偷偷带回家藏了起来。次日早上，小孙武很早就来到了田兴旺的家里，将蛇给了小六子，让他趁柳氏与田兴旺还在睡觉，溜进卧室，把蛇拿出来卷成一盘，放在他们的被褥上面。然后，两人就躲到别处去了。

就这样日上三竿，到了用餐时间，几个家仆来叫田兴旺和柳氏起床时，看到了床上的蛇，不由吓得大叫起来。柳氏与田兴旺被惊醒了，坐起来看见被子上竟有条青竹蛇，两人也吓得大叫起来，连忙钻进被子里大声喊："打……打……快打呀！快快把它打死！"听到这，躲在外面的小六子与小孙武拿着棍子跑过来就开始打蛇，很快，蛇就被他们俩打了个稀巴烂，不过同时柳氏与田兴旺两人也被他俩有意无意地打得鼻青脸肿，躺在床上不能动弹。田兴旺与柳氏虽然心里觉得有点不对劲，却又无话可说。家里的奴仆，有同样厌恶田兴旺与柳氏夫妻俩的，也有曾受田兴旺的结发夫人李氏的恩惠而同情少爷小六子的，所以即使他们看到了，也都假装痴傻，不去拦阻，反而说小六子勇敢孝顺。

经过这件事情之后，田兴旺与柳氏对小六子的看管更加严起来，不仅禁止他与小孙武来往，而且过了几天找了个借口，将他狠狠地打了一顿。

听到这个消息之后，小孙武也不由得来气，决定再找个机会将田兴旺他们夫妻俩教训一顿。就这样，半个月后，田兴旺与柳氏看到小六子的确没有再与小孙武来往，人也变得老实了许多，就放松了对他的看管。这一天下午，小六子在仆人的帮助下，与小孙武在自家的后院里偷偷地见了一面。小孙武这次给他弄了包泻药，并俯在小六子耳边说了几句话就离开了。

拿到泻药，小六子先将自家厕所旁边的一棵小树拔了，然后又简单地栽好——因为身体肥胖的田兴旺蹲下去很费劲，所以每次上厕所时总要用一只手拉着小树才能蹲下去。将这些安排好后，到了晚上吃饭时，小六子又恭恭敬敬地服侍父亲与继母吃饭。

吃过饭没多久，继母柳氏正想找个茬儿为难小六子，

忽然觉得腹中隐隐作痛，想要拉肚子。于是，她急忙冲出房门，直奔厕所。就在她刚来到厕所前时，田兴旺也捂着肚子跑了过来，于是两人在厕所前争了起来。慌忙中田兴旺向厕所旁边的小树扶去，不想正好中计摔倒在厕所里，他在摔倒的时候无意间将柳氏也拉倒了，两人同时倒在了粪池里。而且又因为肚中绞痛再也忍受不住，只听"轰"的一声闷响，连屎带尿一起拉到了裤子里，浅黄色的秽物顺着裤筒往外淌，臭气熏天。田兴旺夫妻两人在下人面前丢尽了脸，恨不能脱下裤子把头装起来。

田兴旺夫妻俩知道中了计，受人捉弄，第二天就鸣锣敲鼓，大张声势，要将这事弄个水落石出，小六子自然是审讯的重点。可是，鸡飞狗跳地搞了几十天也没弄出个结果，反而弄得全府上下草木皆兵，神经兮兮，于是只好作罢。不过小六子终究是个孩子，看到家里风平浪静，一切平静了下来，因为感激小孙武的恩德，无意间将秘密泄露了出去。柳氏与田兴旺获知后，对小孙武恨得咬牙切齿，巴不得一口将他吃掉。然而，孙府是齐国世袭的名门贵族，孙书又是齐国朝中炙手可热的风云人物，只要孙书说句话，他田兴旺的小命就找不着了，所以他不敢肆意妄为。

一个月后，孙府的后花园突然被一场莫名其妙的大火烧得一干二净。后花园被烧，孙书心里自然明白是为什么，但孙府是仁德治家，对此也不计较，小孙武也没有受祖父的责罚，因为他见义勇为，精神可嘉。但孙书也因势利导地教育小孙武，凡事不可图一时痛快，要权衡利弊。若以打仗论，那么这一仗也算是惨败了，因为非但没有伤到田兴旺，孙家还赔上一个花园不说，就怕小六子背后不知又要受到什么惩罚。

不过这一次小六子倒没有受到多大惩罚，难道是田兴旺夫妇对小六子突然变好了吗？那倒不是，而是小六子的一个老娘舅突然来了。他听说了有关田兴旺夫妻俩的事，正好自己膝下只有一女，没有子嗣，于是便同田兴旺商量，想将小六子过继过去。就这样，没多久，小六子就跟着自己的老娘舅去了别国居住。在小六子走的那天，小孙武与他两人哭得很是伤心。

✵ 蒙山求学拜访名师 ✵

小孙武在外边所做的事情，很快就传到了范玉兰的耳朵里。虽然在讲这些话时，人们大多是以赞扬的口吻向范玉兰讲述的，但是范玉兰还是忧虑重重。小孙武聪明勇敢，是非分明，做母亲的自然十分高兴。然而他爱管闲事，好打抱不平，这一点又不能不令她担忧，因为这样最易招致祸患，引来不必要的麻烦。所以，她想收敛一下儿子的行为，让他把更多的心思与精力用到读书和习武上，以便将来能和他的祖辈一样安邦定国，青史留名。可是对这样一个调皮、聪明的小孩子，她又不知从何下手。就在这时，小孙武的爷爷与父亲回来了。他们的归来使玉兰如释重负，于是她将教育、培养小孙武的责任一股脑推给了他们。

就这样，小孙武不再到"庠序"里去读书，而是由他的

爷爷与父亲亲自教他。没多久，在爷爷与父亲的引导下，小孙武的心渐渐收了回来，并再一次迷上了看书。这一天，小孙武正在爷爷的指导下读书，突然小孙武向爷爷提出了一个问题。

"爷爷，世上为什么有战争？战争是善还是恶？"

孙书一愣，一时间竟不知道该如何回答，想了一会儿才说道："战争夺去了无数青壮年的生命，使人们妻离子散，家破人亡，当然是恶的。"

"既然如此，爷爷为什么还在外边带兵打仗？"小孙武瞪着眼睛问道。

孙书长叹一声说道："你还小，这个道理一时还难以明白。譬如有一只老虎向你扑来，你怎么办？"

"当然要将它打死！"小孙武毫不含糊地说。

孙书说："是呀，你不打死老虎，老虎就要把你吃掉，所以爷爷在外边带兵打仗。"

小孙武似乎明白了，可是过了一会儿，他突然盯着爷爷问道："咱们齐国会不会像这只老虎一样，欺凌其他弱小的国家呢？"

"这个……"孙书一时被问住了。

不久，孙书因远征要离开家，在走的时候，他将小孙武托付给自己的一个密友——王栩进行教育。王栩是蒙山的一个奇异道长，相传受太上老君所教，通天地之变化，操兵家之所长，善运用阴阳转化之理治世论事。

王栩讲学与众不同，他很少讲理论，而是经常带着自己的弟子深入实际，观察世间万物，让弟子自己得到启迪，

◎王栩：又称鬼谷子，战国时代卫国（今河南鹤市淇县）人。长于持身养性和纵横术，精通兵法、武术、奇门八卦，著有《鬼谷子》兵书十四篇传世。民间称其为王禅老祖，是中国春秋战国史上一个显赫的人物，是"诸子百家"之一，纵横家的鼻祖，也是位卓有成就的教育家。经常进入云梦山采药修道。因隐居清溪鬼谷，所以称鬼谷子先生。

自己去思考，去归纳，去总结。在这一过程中，他或给予启发点拨，或不闻不问，置之不理。因此，他的弟子中半途而废或中途被淘汰者，大有人在。

小孙武鬼谷拜师后的第三天，王栩对他进行了一次考试。他在门前的青石板中间放了一块碫（duàn）石和几个鸡蛋，然后手持长须，静坐良久，不言不语。小孙武看了看青石上的碫石和鸡蛋，又看看老师，突然灵光一闪，起身抓起碫石，将青石上的鸡蛋一一击破。王栩见状，先是一愣，接着开怀大笑。笑过之后，王栩啧啧赞道："孺子可教也！"

接着，王栩将自己的一个弟子叫到跟前说："民儿，你带长卿到蒙山打柴去吧！"说罢，便转身入室。小孙武高高兴兴地跟着师哥到蒙山上砍柴去了。

这一天可把小孙武整苦了，又累又渴又饿，但他咬着牙顶了过来，手脚都磨出了血泡，痛得他几夜都睡不着觉，但他却始终没有抱怨一声。不久，王栩叫来王民，指着门前的一块地对他和小孙武说："清明前后，种瓜种豆，你兄弟二人今天代老夫把这块地犁出来吧！"说罢，搬把椅子坐到门外晒太阳去了。

　　小孙武出身贵族家庭，自然不会套牛，更别说扶犁了。那么这块地该怎么解决呢？于是两人一合计，干脆用镢头刨吧！就这样，本来一会儿就能犁完的地，他俩却整整刨了一天，累得不行。

　　这天午后，小孙武拜见王栩时发现他和衣睡在床上，鞋都没脱。他怕惊动了王栩，先是恭恭敬敬地站在一边，后来想到上了岁数的人这样睡觉容易着凉，于是上前轻轻地给王栩盖上被子，又单腿跪在床边慢慢为王栩脱掉鞋子。王栩被惊醒了，看到小孙武的模样不由心头一热，满意地微微点了点头。不等小孙武开口说什么，就带着他来到平时从不让外人进的后院里。王栩在一个周围堆满了砖的巨大磨石前停下来，然后拿起一块砖，认真地在磨石上磨了起来。

　　小孙武开始感到莫名其妙，过了一阵发现不远处有一个非常大的桌子，上面整整齐齐地排放着已经磨好的砖。他走过去一看，每块砖上都编了号。当他拿起"壹"号砖观看时，奇迹出现了，只见上面刻着两个苍劲有力的大字"诗经"。小孙武的心被震撼了，一下跪在王栩面前说道："师父请教我！"

　　王栩这才语重心长地点头道："要做我的学生，就得先学会做人，做人和做学问一样，是磨炼出来的。"

　　两人坐在青石上，王栩向小孙武讲了起来："……正中有奇，奇中有正，奇正相生，变化无穷。那么，什么是正兵呢？以正规的作战方法进行战斗的，都可以叫做正兵。根据战场情况，动用计谋，攻其无备，出其不意，使敌人措手不及。不是采取正规的作战方法，都可以称为奇兵……"

　　王栩兴致极浓，侃侃而谈，小孙武在旁边听得是喜不自胜，师生俩十分默契。过了许久，见师父有些口渴的意思，小孙武连忙双手捧着一碗水递给了他，王栩一阵感动，接过来便有滋有味地喝了起来，那神态就像在品尝新酿出的米酒。喝过水，就这样略微休息了一下，王栩拔剑出鞘，在青石旁的草地上击起剑来，边击边讲。

　　就这样，时光如风似电，转眼间，小孙武来蒙山学习已近两年了。按当时习俗，学艺多以三年为期，然而不足两年的时间，小孙武就已将王栩肚子里有关军事方面的学问掏空了。渐渐地，王栩越来越感到，自己教育小孙武已经有点力不从心了。小孙武聪颖过人，过目成诵，常常目光从老师的面前掠过，便对老师的意图心领神会了。每个人的知识、学问和本领总是有限的，王栩清楚地感觉到，再继续将小孙武留在身边，就是误人子弟了，因此，他萌生了让小孙武提前离去的念头。

　　老师的心思怎能瞒得过小孙武的双眼，他自然一下子就看出来了，所以整日心神不定，不知如何是好。但是小孙武是个颇具理智的孩子，他极力控制着自己的感情，一方面努力刻苦地学习，尽量让老师少费心劳神；另一方面殷勤地服侍老师，取悦老师，以尽孝心。然而那一天还是来临了，这一天，王栩将自己整整关在房间里一天不出门，直到小孙武走时他也没有出来，小孙武知道师父的心情和自己一样难过，所以也没有说什么，只是跪在院子里冲着师父的房间磕了几个头就挥泪而别了。

❈ 畅游青丘明大志 ❈

　　从蒙山归来的孙武已是十八岁的少年了，年轻气盛，血气方刚。这一年冬天刚过，转眼之间外面已是春暖花开，百花争艳。孙武放下手中的竹简，走出藏书阁，见到如此的春光明媚，立即唤起了他出游的兴致。于是孙武带了两名家丁，骑上马，出了家门就向东边奔去。

　　走了不到十里，孙武便来到钜淀湖边。钜淀湖又名青水泊，方圆百里，为当时齐国的第一大湖。站在钜淀湖边，向平静的湖面望去，孙武顿觉心旷神怡，苦读书简的疲倦一下子烟消云散。他跳下马，将马匹交给家人牵着，自己如同一个孩子一样奔跑在湖边的草地上。孙武一边欣赏着美丽的风景，一边寻找着那些前人遗留下来的古迹。

　　没多久，孙武在岸边找到了蜚（fēi）廉古冢。冢前立有石碑，记述了蜚廉的一生。蜚廉是商纣王的大将，素以勇猛著称。纣王曾派他镇守东部边防，因此他经年累月地与东夷人作战，最后战死在钜淀湖边。后人为纪念他的丰功伟绩，就在

◎商纣：商朝最后一任君王。名辛，为帝乙的儿子，史称纣王。相传是筷子的发明者。曾平定东夷，使中原文化逐渐传播到长江、淮河流域，奠定了中国统一的局面。不过后来他却耽于酒色、暴敛重刑，导致商朝民怨四起。周武王东伐至盟津时，商朝诸侯纷纷叛乱，于是，周武王带领着叛乱的诸侯与纣王交战于牧野。纣王失败，逃回去之后，自焚于鹿台。

此处建冢立碑，以颂扬其一生的事迹。在蜚廉古冢前孙武沉思良久之后，便沿着钜淀湖西岸继续骑马北行，进入大片的草地——青丘。这里不仅是一个著名的古战场，同时也是齐国的养马基地。

青丘一带地势广袤平坦，土质肥沃，在这里既可捕鱼打猎又可种植庄稼。自上古时代起，就有人在此世代居住生活。直到虞夏殷商时期，这一地域一直是东夷人控制的区域。西周初年，不肯受制于他人的蒲姑氏起兵反叛周朝的挟制，周王派姜尚举兵征伐，很快就打败了蒲姑氏。周王室为稳定东部边疆，将姜子牙封于齐地，在青丘以南的营丘建立了齐国。后齐胡公迁都蒲姑，齐献公时才定都临淄。

◎蚩尤：上古时代九黎族部落酋长，中国神话中的战神。原为炎帝臣子，炎帝被黄帝击败后，蚩尤率81个兄弟与黄帝争天，在涿鹿展开激战。传说蚩尤有八只脚，三头六臂，刀枪不入，善于使用刀、斧、戈作战，勇猛无比。黄帝不能抵挡，于是就拜请天神帮助他。后来在天神的帮助下，蚩尤最终被黄帝所杀，黄帝斩其首葬之，蚩尤的首级化为血枫林。后黄帝尊蚩尤为"兵主"，即战争之神。

孙武骑马在广阔的草地上奔驰，搜寻着古战场的影子。孙武从史书上了解到，此地是历史上黄帝大战蚩尤并杀死蚩尤的地方。

孙武在翻阅史书时，研究了黄帝打败蚩尤的战略，并将黄帝与蚩尤两部落的实力进行对比后发现，黄帝主动与其他部落结成联盟，扩大了自己的力量，首先在"势"上压倒了蚩尤。接着，黄帝在战争中又避实击虚，出奇制胜，成功运用了一系列战略计谋，最终打败了自负的蚩尤。这一切，都使孙武更深切地感受到谋略在军事战争中的重要作用。在孙武的心中，黄帝才是真正的军事家，他希望自己将来也成为像黄帝那样的军事家。

孙武纵马原野，边走边畅想，忽然，在他的背后传来一阵急风暴雨般的马蹄声。孙武猛然抬头望去，只见在他前方不远的一处斜坡上，有数不清的马匹在原野上奔驰，远远看去蔚为壮观。随着马群的临近，孙武这才看清原来是齐王豢养于此的军马。这群马大约有上千匹，一匹匹膘肥体壮，毛色发亮，跑动起来风驰电掣一般。

青丘一带是齐国养马的地方。马匹在过去的冷兵器时代乃是一种重要的战备物资，可以说它在某种程度上完全可以决定一个国家的强弱和一场战争的胜败。所以，当初桓公还在青丘的西部，修建了一座养马城，专门豢养军马，以供战备之需。到齐景公时，齐国的养马业更加繁荣。大量的马匹，为齐桓公日后九合诸侯、一匡天下，成为春秋霸主奠定了坚实的基础。孙武望着远去的马群，想象着战马驾着战车，在战

场上驰骋的情景，心中不由生出一种自豪感和英雄气概。

　　这一天，孙武还带着家丁走访了青丘的许多地方，并听了许多优美的民间传说，其中听得最多的就是后羿的故事。相传后羿箭法超群，百发百中。一天，天空中突然出现了十个太阳，把土地都烤焦了，庄稼都干枯了，人们热得喘不过气来，倒在地上昏迷不醒。因为天气酷热的缘故，九婴、修蛇等一些怪禽猛兽也都从干涸的江湖和火焰似的森林里跑出来，在各地残害人民。

　　◎九婴：古代神兽之一，其叫声如婴儿啼哭，故称九婴。尧时为害人间，九婴自恃有九个脑袋，九条命，丝毫不畏惧后羿，它九口齐张，喷吐出一道道毒焰，交织成一张凶险的火网，企图将后羿困住。后羿知道它有九条命，射中一个头后，会很快痊愈，所以使出连环箭法，九支箭几乎同时插到九婴的九个头上。九婴的九条命一条也没留下，被后羿射杀于北狄凶水之中。

　　人间百姓的灾难惊动了神，天帝常俊便命令善于射箭的后羿，协助尧解除人民的苦难。后羿带着天帝赐给他的一张红色的弓和一口袋白色的箭找到尧。

　　后羿和尧来到一高岗处，他从肩上取出弓与箭，一支一支地向骄横的太阳射去，顷刻间，十个太阳被射去了九个。就在他准备射第十个太阳时，因为尧认为留下一个太阳对百姓有用处，才阻拦了后羿的继续射击。这就是有名的后羿射日的故事。后羿射落了九个太阳，接着，他又在畴华之泽杀了凿齿，在凶水之上杀了九婴，在青丘杀了猰貐（yà yǔ），在洞庭斩断了修蛇，在桑林擒住了封豨

20

（xī）。世上的人们得救了，但是后羿的丰功伟绩，却受到了其他天神的妒忌，他们到天帝那里去进谗言，使天帝疏远了后羿，最后把他贬到了人间。受了委屈的后羿和妻子嫦娥只好隐居在人间，靠后羿打猎为生。听着英雄的故事，少年孙武真希望自己将来也能成为大家心目中受人尊敬的大英雄。

❋ 初上沙场露锋芒 ❋

莒国原为齐国的一个附属小国，国君庚舆这些年见齐国由于内乱，国力逐渐衰弱，便很少去朝觐，打算脱离齐国，亲近楚国。莒国的叛变使齐国国威大减，可想要讨伐莒国又一时找不出什么好的借口，此事让齐景公十分苦恼。就在这时，莒国士大夫黑析因直言进谏惹怒了庚舆，庚舆一怒之下在大堂上直接斩杀了黑析。黑析的家人听到消息之后，趁庚舆还没有派人去抓他们，逃到了齐国向齐景公哭诉。齐

◎莒国：属于东夷古国。据现有文献记载，西周初年武王封少昊氏之后裔于莒而立国，始封者为兹舆期。己姓。有学者认为是子爵，故史称莒君为莒子（实际上是否为爵，也未可知。现在看来，是周人对夷人的蔑称的可能性大一些）。据现出土的甲骨文看，商代已有莒国。有学者认为，周莒是成王东征时收服的一个夷国，并非武王所封，其初封地为计斤，后徙至今莒县城。

景公得知此事，便打算借此伐莒，他派大将高进率精兵一万讨伐莒国。庚舆因为平日疏于练习兵马，所以在与齐军作战时很快就败下阵来，一日之内连退三十里，而齐军则势如破竹，一鼓作气攻下莒国都城。庚舆只得带领残兵败将退入纪鄣城，并派出使者到楚国请求援助。

纪鄣城依山而建，城高沟深，易守难攻。庚舆深知自己兵力不足，于是就大兴土木修建了纪鄣城作为自己的保命之地，此时就发挥了作用。齐军将纪鄣城团团围住，但久攻不下。攻城时，莒军扔下的滚木、礌石使齐军伤亡惨重。当初齐国为了讨伐莒国，派出了大部分兵力使得国内兵力空虚，如此僵局持续月余，若此时另有他国突然偷袭，后果不堪设想。因此，齐景公便任用老将孙书率五千精兵火速驰援高进，命两人务必在短时间内一举攻下纪鄣城。

接到了齐景公的命令之后，孙书父子俩连忙打点行装带兵奔赴前线。正在书房看书的孙武听说爷爷与父亲要去征伐莒国，就瞒着母亲偷偷从书房溜了出来，来到了齐国都城外的古道旁。他看到齐国丞相晏婴正在为爷爷与父亲举

◎晏婴：（？—公元前500年），字仲，谥平，习惯上多称平仲，又称晏子，夷维人（今山东高密）。春秋后期一位重要的政治家、思想家、外交家。晏弱之子，以生活节俭、礼贤下士著称。据说晏婴身材不高，其貌不扬。齐灵公二十六年（前556年）晏弱病死，晏婴继任为上大夫。历任齐灵公、庄公、景公三朝，辅政长达四十余年。周敬王二十年（公元前500年），晏婴病逝。

酒馔行，于是就跳下战马，快步走了过去。

对孙儿的鲁莽，孙书微皱眉头，只得向前对晏婴介绍说这是孙儿孙武。孙书有个聪明勤奋的孙儿，晏婴是早有所闻的，他笑了笑看着孙武说："小英雄也是为老将军送行的吗？"

孙武深施一礼："不，我要随军出征。"一旁的父亲孙凭听了连忙呵斥道："行军打仗乃国家大事，你跑来添什么乱？还不速速退下，回去温习功课！"孙武没有理会父亲的话，向晏婴施礼道："丞相大人，国家有难理应效力，难道还要分什么尊卑长幼吗？"

晏婴看了看他微微点头说："志满才高，精神可嘉，可是你年龄尚小，切莫让你的母亲担心，还是快快回家，潜心学习以待来日吧。以后如再有战事，我可准你当即入伍，并替主公封你一个小校一职，你看如何？"

"多谢丞相厚爱！"孙武朗声答道，并上前一步说，"在沙场上靠一刀一枪争夺立功是大丈夫，而靠祖上的蒙荫获得赏赐非大丈夫所为也。"听了孙武的一番话，晏婴一时也不知说什么好了，于是连连点头称赞道："好，我准你阵前入伍。你带左军首营一队如何？"

听了丞相的话，少年孙武说道："不，我寸功未立，请丞相赐我一杆战戟即可。"晏婴大笑道："既然如此，你就先做孙老将军的左马夫，熟悉一下战事。"讲到这里，晏婴看了看孙书将军，然后对孙武说："不过你的任务不光是驾马驭车，还要在战场上向孙老将军多学实战知识。"

"谢丞相。"说完孙武连忙下拜。见丞相晏婴已经答

应，孙武又执意随军前往，孙书与孙凭也只好由他去了，并忙让家人回家告诉孙武的母亲一下，以免挂念。晏婴从侍者盘中端起一杯酒，说："将门虎子，可喜可贺。孙老将军已饮过饯行酒，这杯酒是本相赐予小英雄的。"孙武看到了连忙作揖说道："丞相，可否容我战场立功之后再来接受？"

听到这里，晏婴越发喜欢眼前的这个英姿勃发的少年，于是笑道："哈哈，也好！这杯酒本相暂且替你收留，庆功会上再饮也不迟。"转而向孙书说，"令孙有如此之志，此次伐莒必能大胜而归呀。"孙书听了只是一笑，然后转向击鼓手，下令击鼓出征。伴随着震天的战鼓声，孙武在祖父和晏婴赞许的目光中跳上先导的战车。

孙书率军日夜兼程，不出三日就在纪彰城下与高进会合，扎下营寨。当天午后，孙书与高进在营帐商讨，高进先向孙老将军汇报了一下当前的战事情况，然后询问道："孙老将军，您看这纪彰城该如何攻下呢？"孙书说道："不可硬攻，硬攻白白增加伤亡不说，还会削弱士气。高将军先陪老夫勘察一下地形再做打算。"说着两人一起走出营地，站在旁边的孙武也跟上前去。

三人转过山坳，来到一地势缓和之处，远远看到前面枯黄一片。孙书有些好奇地问道："那是什么？"高进连忙回答道："那是纪彰的粮田，围城后无人收割。"听了高进的话，孙书沉默不语，一副若有所思的模样。

三人又走了一段，这时天色渐渐暗了下来，三人正要离开之时，高进突然发现孙武不见了，便笑着对孙书说道，"终究是个小孩子啊。"听了高进的话，孙书这才发现孙武并没有跟过来，回头看了一下，只见孙武正站在高处的一块巨石上，眺望夕阳中的纪彰城。孙武突然奔下巨石追赶上来，对自己的爷爷与高将军说道："这城先不攻了。"听了他的话，孙书眼睛一亮，看着孙武说道："这城为何先不攻了？你倒是说说看。"

见爷爷有话问自己，孙武冷静地说道："此时已到了做晚饭的时候，孙儿刚才登高远望纪彰，发现城中炊烟并无几处。我询问了当地老农城中有多少人家，他说城内有近千户。我细细观察，半个时辰不足二十户生火，守城兵士生火处也只有五六处。庚舆仓促退守，城中所备粮草不多，新粮又未曾及时收割。城中退守的兵士越多，城内耗粮就越就大。据我判断，现在城中的粮草恐怕已经难以为继。高将军已围城月余，只需再困数日，此城定会不攻自破。"

听了少年孙武的一番话，高进不禁惊喜地说道："哎呀，没想到老将军的孙儿年纪虽小，却这般厉害。"孙书听了并不说什么，只是笑着向营帐走去。回到营中，高进让兵士加紧防范。不过很快的，孙武却突然显得忧心忡忡起来。

第二天，孙武早早起床来到营帐晋见孙书说："爷爷，虽然围困纪彰城即可获全胜，但恐怕会让天下人耻笑我军。如今城中已无粮草，不出数日城中断粮后，受苦的只怕是无辜的百姓，城中难免发生易子而食、析骸而炊之事。这些实在是孙儿所不愿意看到的。"听了孙武的话，高进有些急了，说："急攻不下，坚守不仁，这却让人难办了。"

"那依你之见，这纪彰城如何攻破？"孙书看了看自己

的孙儿问道。孙武没说什么，只是胸有成竹地笑了笑。当天上午，纪彰城内的军民发现大批齐军放下兵戈，到附近粮田收割迟收的庄稼。不出两日，成垛的粮食堆在城外，吸引了城墙上饥渴的目光。

第三天，齐兵在城外不远处摊晒粮食。中午，随着齐军营中炊烟升起，饥肠辘辘的守城兵士眼中闪出饥饿的目光。齐军视若不见，依然谈笑风生，自由散漫，毫无警觉心理。到了晚上，夜色渐渐笼罩了纪彰城，薄薄的凉雾升起。在朦胧的星光下，粮垛像一排排蜷（quán）卧的黑兽，悄无声息地伏在那里。就在一些不知名的小虫子幽幽地发出鸣叫时，一丝细微的响动划破了静谧的寒夜。纪彰城的吊桥落了下来，城门突然大开，一队人马快速奔向粮垛。他们刚出城门没走多远，只见城墙外的阴影里晃出几个黑影，冲向吊桥，不等守城门的将士看清是谁，随着几声撕心裂肺的惨叫，城门守卫已被杀死在城门之下。与此同时，远处树林里的黑暗之处，五千齐国精兵潮水般涌了过来，惊得城中莒军大呼上当，仓促拿起兵器迎战。对城中的地形，齐军早已从当地老农的口中了解清楚，所以齐军直扑庚舆的王宫，庚舆豢养的三百剑士拼死抵抗。一时间刀剑相碰，火星乱迸。

王宫内的庚舆正在灯下饮酒，突然听见外面杀声四起，连忙站起来，想去看一下发生了什么事情，这时一名侍卫匆匆来报说："齐国大军已杀入城内！"庚舆慌得手中酒杯当啷落地："快把我的宝剑拿来！"从侍卫手中接过宝剑，他又逼迫侍卫和自己换了衣服，就手持宝剑仓皇出逃。刚转过假山，突然跳出一个人来，对着庚舆一剑刺来。庚舆忙挥动

手中宝剑抵挡，对方手中的剑断为两截。庚舆狂笑着对来人说道："挡本王之路者，必死于本王宝剑之下。"黑影并不答话，将手中的断剑向他胸前奋力一掷，庚舆突然觉得胸口一闷，手中宝剑掉了下来。黑影身手敏捷，捞起宝剑旋身一挥，剑从庚舆头颈如影般掠过，庚舆扑通倒在地上，接着人头滚落在一边。

王宫外面，众人厮杀正酣，突然宫内挑出一根火把，火把下的少年正是孙武，只见他手拎一颗血淋淋的人头对着众人喊道："众将听命，庚舆叛齐，天怒人怨。诸位何苦助纣为虐！"众人看到庚舆的人头，一时之间不由人心大乱，纷纷弃剑归降。齐军大胜。第二天，打扫战场后，齐军班师回朝。

在齐国的庆功宴上，孙武这才饮下晏婴丞相临行时留下的饯行庆功酒。齐景公大喜，对孙书祖孙三代大加封赏。

✳ 初识《幄奇》 ✳

伐莒之战胜利后，齐国的军威大大震慑了周边的小国，那些曾经有过与庚舆类似想法的附属小国也就安心进贡了，周围的一些大国也纷纷遣使与之通好。就这样，连续数年国内外都没有发生什么战事。此时孙武潜心钻研《太公兵法》，他的爷爷孙书更是将一生征战沙场所得精髓一一授予孙武。

没过多久，疲于征战而积劳成疾的孙书，又一次病倒

◎《太公兵法》：又称《六韬》，周初太公望（即吕尚，又名姜子牙）所著，不过被普遍认为是后人依托，作者已不可考。现在一般认为此书成于战国时代。全书以太公与文王、武王对话的方式编成，是一部集先秦军事思想之大成的著作，对后代的军事思想有很大的影响，被誉为兵家权谋类的始祖。

了。对自己的这次生病，孙书心里明白自己已经时日不多了，所以孙书向齐景公举荐了穰苴（ráng jū）为将军。穰苴原本也是孙氏家族的人，论辈分应该是孙武的叔父。穰苴自幼天资聪颖，十几岁时突然失踪，他的母亲为此伤心成疾。但是在十年后他的母亲去世时，失踪的他突然出现在孙家，为母亲守灵。在为母亲守孝期间，孙书前去探望，发现穰苴的学识和兵法长进了不少，便向他问起这几十年都在什么地方漂泊。然而对此穰苴却避而不答，一心守灵。见他不肯说，孙书也不为难于他，还将自己所得封邑的沿海几个渔村，划给了穰苴让他管理。后来齐景公派人去请他，穰苴却以守孝未满三年而回绝了齐景公。齐景公见他如此志坚也只好不为难他了，不过对穰苴不愿领兵的真正原因，孙书心里是明白的，他知道穰苴不愿领兵的原因乃是不想让自己卷入当时田、栾、梁、高四大族的纷争之中。

这一天，为了让孙武能掌握更多有关兵法的知识，弥留之际的孙书将孙武叫到病床前，给他讲了个故事："上古的时候，轩辕黄帝被当时的人们称为天下之王，那时风调雨顺，四海升平，国泰民安。谁知就在这时，南方突然出了一

位名叫蚩尤的酋长，他自恃孔武有力，天下无敌，便阴谋篡夺了炎帝之位。黄帝得知消息后会合了八方诸侯征讨蚩尤。当时黄帝身边有一个谋士，名叫风后。这人熟知兵法，深通谋略，在与蚩尤作战时他献计让黄帝示弱，将蚩尤引至北方涿鹿。当时正逢狂风骤起，方向一时难辨，风后就驾着早已制好的指南车与蚩尤大战起来。蚩尤因地形生疏，不辨方向，很快就大败而归。

关于风后这个人，当时还有个传说。相传一日黄帝做了一个怪梦，梦见一场极为罕见的大风刮了七天七夜，把大地上的尘垢刮得荡然无存，只剩下一片清白的世界。黄帝惊醒后，自我圆梦，心里暗叹：'风为号令，执政者也。垢去土，后在边。天下难道有个姓风名后的人吗？'从此他食不知味，寝难安席，到处留神察访，终于在海隅这个地方找到了风后，即拜为相。由于风后是黄帝的第一任宰相，所以后人也称他为'开辟首相'。风后当了丞相后，将自己一生的谋略编为兵法《幄奇经》。这本书虽然仅有三百多字，但是可以称得上是兵法书籍的鼻祖了。姜太公的《太公兵法》也是借鉴学习了《幄奇经》。"

听了爷爷的话，孙武一阵欣喜，连忙问爷爷这部书现在什么地方。孙书说："这本奇

◎《幄奇经》：中国古代关于八阵布列的兵书，又名《握机经》《幄机经》。共1卷，380余字（一本360余字）。相传其经文为黄帝手下的大臣风后所撰，姜尚加以引申，汉武帝丞相公孙弘作解。

书传说为姜太公所得，后口授于弟子，真迹去向后人并没有

多少人知道。"听到这孙武不觉一阵失望，看到孙武脸上的表情，孙书露出了吃力的笑容，接着说道："你的叔父穰苴神秘失踪十年，此次回家我发现他的学识和兵法大有长进，起初我问他，他不肯说，后来才得知原来他不知从哪位异人手中得到一部兵法，上面记载的正是《幄奇经》。你可以去找他虚心讨教。"说完后孙书当夜就去世了。看到爷爷突然离去，孙武不由大哭起来，伤心不已。他牢记祖父遗言，在守丧期满之后，就与家人去海边拜望这位颇具传奇色彩的穰苴叔父。

这时晋国想要成为霸主，起兵五万侵扰齐国西边国境。与此同时，燕国也因为垂涎齐国富足的物产，派遣密使暗中来到晋国。晋燕两国开始谋划对齐国的作战计划。燕国偷偷派出奸细，进入齐国以便到时里应外合。晋军的先头部队大举攻入，迅速占领阿、甄两座城池，大肆劫掠。燕国也趁机出兵一路挺进。齐国边境频频告急。

齐景公眼见多处受敌，心中不由暗暗着急。这时相国晏婴向齐景公举荐了穰苴，并亲自前往东海拜请。穰苴见国难当头，相国晏婴又是满怀诚意，不便推辞，于是便随晏婴入朝拜谒齐景公。

"今日请先生上殿想必先生已知用意，如今边境危难，不知先生可有破敌良策？请先生教我如何处置。"一见到穰苴，齐景公便迫不及待地说道。穰苴起身深揖说道："感谢大王不弃我位卑言轻，小民虽然远在东海，但日夜思虑为国效力。大王可否先将战况赐小民一看？"听了他的话，齐景公连忙命人将战报送到穰苴手中。穰苴接过密呈的战报默看

半天，微皱眉头一时不语。齐景公看到这里，不由急问道："先生可有良策？"

穰苴深深点头："有。现在晋燕虎狼之师虽然联手，但他们貌合神离，燕军为利，晋军为名，所以我们可以分而攻之。晋军意图称霸，见齐鲁结盟，故出兵以试探虚实。燕军兵弱，此次侵入我境，实在是驱羊而入虎口。如今齐鲁之盟脆弱，晋军才敢大举进攻；如果齐鲁联盟固若金汤，对晋军迎头痛击，晋军自然会退去，大王不必担忧。"

"先生所言甚是，可现今是晋燕之师已步步紧逼，如何痛击联军？"听了穰苴的分析之后齐景公问道。穰苴默不作声，犀利的目光盯向远处，忽然目光一转，站起来从一侍从手中接过笔，在战报上写了几个字，然后躬身将战报呈给齐景公。齐景公看后转给晏婴，两人看了之后相视而笑，景公说道："这次多亏老相国为国举荐贤能，功不可没。寡人即刻任命穰苴为将军，率兵迎敌。"

"穰苴为将军，孙武可为偏将，齐国有他们叔侄二人，大王可以安枕无忧了。"见齐景公已任命穰苴为将军，晏婴借机举荐了孙武，听了晏婴的话，齐景公当场应允。穰苴连忙起身向前谢恩说道："大王以国事相托，臣当誓死效力。只是臣出身卑微，未立寸功，孙武年幼也鲜上战场，所以臣担当将军一职恐众将难服。臣请主公再派一德高望重之人做监军。"

此时，栾（luán）、高二族眼见田氏势力骤增，恐怕对己不利，心里也开始变得不安起来。见此机会庄贾按捺不住，不等齐景公开口，便抢先出列说道："大王，微臣愿

◎监军：官名，古时代表朝廷协理军务，督察将帅。汉武帝时置监军使者，东汉、魏晋皆有，省称监军，也称监军事。又有军师、军司，亦为监军之职。隋末以御史监军事，唐玄宗始以宦官为监军。中唐以后，出监诸镇，与统帅分庭抗礼。明代以御史或宦官为监军，专掌功罪、赏罚的稽核。清废。

担当此重任，协助将军为国家出力，为王分忧。"景公听了庄贾的话，十分高兴，说道："难得爱卿如此忠心为国，本王就命你为监军，协助穰苴将军痛击晋燕之师。"见齐景公恩准了自己的请求，庄贾嘴角露出一丝微笑，在一旁的孙武看到栾、高二族的人暗中相视而笑，心里不觉生出一丝寒意，仿佛看到栾、高两族正将一张编织好的大网悄悄撒向他们，要将他与穰苴缚住。

夜里，庄贾来到栾府喝饯行酒。庄贾原是栾家的门客，因为善于阿谀奉承，所以职位一路攀升，现已位居官大夫。

席间，庄贾恨恨地说："小小的孙武担任副将不说，穰苴这个不知从哪冒出来的野种也成了将军。孙家从此势力更大了。我们一定要防备着些，想办法把他们拉下马，不然以后恐怕会对我等不利。"

栾虎道："咱们不必怕他们。明日点将你不去，先给他来个下马威，看看他们叔侄二人如何应付。这等从穷乡僻壤里出来的山野村夫，谅他也没见过什么大世面，将他的气焰压下之后，你就是真正的将军了。在战场上，由你负责督战，穰苴和孙武率兵出战。到时刀枪无眼，我们可以假借燕晋之力拔了这两个肉中刺、眼中钉。到时这朝中就是我们的

天下了啊。"说完两人哈哈大笑，举杯共庆。

第二天，寅时刚过，校军场上已旌旗猎猎，金鼓齐备，兵士们戈戟在手列队待命，刀刃上映着晨曦，发出清冷的寒光。台下威严肃穆地站着二十位军校，他们也刀剑在手待命而发。卯时一到，穰苴登上将台开始点将，他在将台上扫视一眼台下的两万威武之师，深深吸了一口气。

点卯完毕，独缺庄贾。穰苴不动声色，在点名簿上画了一记，接着派人去请庄贾，然后转身再次向众军申明军纪。

军校来到庄府，此时庄贾酒醉刚刚醒来，见有家人来报说军校催他上校军场，他看看日头，生气道："大胆，敢来搅我的美梦，还不给我滚出去！"家丁听了吓得连忙退出。

军校在外等了半日，见庄贾不出，只好先回来向穰苴如实禀报。听到这个消息，登时校军场内人人窃窃私语，要看穰苴这位新任将军如何处置。然而穰苴并不言语，仅点了点头。等沙漏再次漏尽，便又在点名簿上画了一记，再让人把沙漏翻转。

就这样，不知过了多久，庄贾才磨磨蹭蹭起身，在随从的簇拥下悠闲地来到校军场，走上点将台。穰苴仍然不动声色，淡然处之，看了一眼又漏尽的沙漏，接着又画下第三记。

庄贾傲慢地看了看点名簿，冲着穰苴喊道："现在是什么时候了，孙大将军？"说完庄贾又向前一步，看了看穰苴说道："你在那画什么呀？"接着斜眼看了看台下和身后的随从，这时台下一阵偷笑。

孙武偷眼看了看叔叔，只见穰苴稳稳地坐着，似乎并没有注意到庄贾傲慢的态度。穰苴声音平缓地说道："庄大夫三次点卯未到，可是为国事忧心？"

庄贾笑了笑，并不将穰苴放在眼里，说道："昨夜我在栾府中喝饯行酒，所以晚来片刻。"他走到穰苴面前说："这点将台坐着可还舒服吧？"庄贾身后的随从们听了他的话，更放肆地大笑起来。穰苴听了并不理会，转身向军校问道："军前点卯，三次未到按律该当何罪？"

军校朗声答道："一遍未到，杖脊四十；二遍未到，杖脊八十；三遍未到，当斩！"一个"斩"字出口，庄贾脸色猛然一变，随即又恢复神色，冷冷一笑说："我是监军，谁敢动我！"

穰苴义正词严道："将帅受领任职就该忘记家庭，置身军队，受军纪约束，就该忘记亲人；击鼓指挥军队作战时，就该有无我的精神。如今敌军深入国境，举国不安。士卒餐风露宿于边境，国君寝食不安，百姓的命运，都在你的手里，怎么还去谈什么送行呢？不斩何以服众？左右给我拿下！"

刚才还在哈哈大笑的庄贾笑容立刻凝固了。行刑官迅即上前，庄贾边挣扎边喊："我，我，我是大夫，穰苴小儿，你这是以下犯上！"说完慌忙冲着身后随从呵斥道："还不快去回禀主公，让主公救我！"穰苴冷眼看了他一下："国难当头，主公尚且寝食不安，你却醉酒误事！此时倒想起主公来，庄贾你觉得对得起主公吗？"说到这，穰苴拿眼扫视了将台之下，将眼一瞪说道："斩！"行刑官忙将庄贾拉到

行刑处，不等庄贾再说什么，只见一道血光，他的头颅便掉了下来。全场军士看到不由一震。

就在这时，庄贾的心腹庄良手持齐景公的赦令，急急忙忙驾车冲进校军场大喊"刀下留人"，可是等他抬头一看时，却见庄贾的人头早已高悬在辕门之外的高杆上，不由吓得面如死灰，呆愣在那里。穰苴并不看他，大声问道："军中驰车，该当何罪？"行刑官威武地答道："斩！"庄良吓得掉下车子，浑身如筛糠一般哀求道："我……我……我有主公手令，无意闯入军中，大将军饶我一条狗命吧。"

穰苴接过手令说道："既然奉主公之命，且饶你一死。杖脊四十，以儆效尤。刚才校军场嬉笑之人，每人杖脊八十！"说完转身离去。就这样，在一阵阵惨叫声中，穰苴完成了从一个海边渔夫到威仪大将军的转化，而且做得不动声色。旁边的孙武不由得深深折服于穰苴的大将风度。

✹ 孙武出游避纷乱 ✹

在这次战争中，穰苴运筹帷幄，可以说是将《幄奇经》里的谋略之术发挥得淋漓尽致，三天之内就轻取大片失地，击败虎狼之师。打完了仗，归国时齐景公率众出城十里迎接，并授予穰苴司马之职，史称穰苴为司马穰苴。战乱过后，齐国国内一派和平之象。孙武每日处理公务之后，便与叔父司马穰苴在一起共同探讨《幄奇经》的奇正之变。田穰苴对这个聪颖好学的侄子也是倾囊相授，孙武更是心无旁

◎司马穰苴：生卒年不详，姓田，名穰苴，春秋时期齐国人，是齐景公时掌管军事的大司马，所以后人称他为司马穰苴。是我国早期的著名军事家、军事理论家。后来因景公听信谗言而罢了穰苴的官，穰苴离职后一心撰写兵书战策。不久病发而死。他的军事著作《司马穰苴兵法》又被后世称为《司马兵法》。

骛，很快兵法学识就大有长进。

一天晚上，景公在宫中搂着美女饮酒作乐，忽然一时心血来潮，想念起穰苴来了，于是连夜驾车来到穰苴家中。穰苴正在家中看兵法，听说景公来了，又是喝得醉醺醺的，虽说是来看自己的，可穰苴却一点也不领情。他不但不打开中门，反倒顶盔戴甲，独自立在寒风里。景公见状大惊，但见穰苴躬身施礼："大王深夜到此，不知是有诸侯入侵？还是有大臣作乱？"景公听了嬉笑着摇了摇头。穰苴说道："那大王为何光临寒舍？"景公说道："本王有美酒雅乐，想同老将军一起享用，不知老将军可否愿意赏光？"穰苴义正词严地说道："陪主上饮酒作乐之人，主上身边要多少有多少，何必找臣这个老卒呢？"景公碰了一鼻子灰，少不得称赞穰苴几句，便败兴而去。以后每每念及此事，景公就难免瞧穰苴不顺眼了，所以他心里虽然知道栾氏、高氏有意除掉穰苴，但是对穰苴的事也是睁一只眼睛，闭一只眼睛。后来又找了个借口下令罢了穰苴的官。穰苴一心报国，哪里受得了这种刺激？于是整日待在家里面闷闷不乐。

随着孙武渐渐长大，他的父母也开始发愁儿子的婚事了，思虑再三后决定向鲍家提亲。朝中大夫鲍国口碑甚佳，

加之田鲍两家交情很深，在10年前的四族之乱中，田鲍两家曾联合击败了栾施和高强。鲍国也非常器重少年英才孙武，欣然将曾孙女鲍姜女许配给孙武。

齐晋之战的第二年秋天，孙武迎娶了鲍姜女，齐景公也亲自到场祝贺，婚礼由相国晏婴主持。爱侄大喜之日，为了散心同时也为了给侄子道喜，穰苴便来到了孙书家中。

到了深夜，喜宴方才散去。穰苴谢绝孙凭的挽留，在家人的搀扶下，上马回府。

走到半路，穰苴看到夜色沉寂，一轮明月挂在空中甚是好看，就任由战马不紧不慢地走着。经过一片树林时，突然路旁的树丛中"嗖"的一声飞出一支利箭。穰苴一惊，本能地一仰身，躲了过去，旁边的家人看到了连忙将穰苴围了起来。就在穰苴尽力让自己变得清醒时，又一支利箭带着冷风从脸上掠过。穰苴躲闪不及，"砰"的一声被射中肩部。穰苴只觉得肩部酸麻，家人慌忙上前搀扶，将穰苴扶上马，往孙家方向奔去。穰苴止住说道："赶紧回府，时间不多了，我心里明白。"穰苴出任那天就已感觉到的那张大网，今天终于落下来了。

他心里是明白的，自己前去赴爱侄的新婚喜宴，自然不会手执利刃，身披甲胄，加上酒后行动迟缓，难躲连发暗箭。一旦被射中，箭毒会趁酒力在体内迅速扩散，即使神医在旁也很难相救。

四族之乱由来已久。齐景公初年，右相庆封与左相崔杼（zhù）政见不合，庆封趁国内发生战乱之时，带人围攻崔杼府邸，崔杼惨遭灭门之灾。庆封当权之后日渐骄傲蛮横，

田、鲍、高、栾四族就联合起来抗击庆封，最终致使庆封逃向吴国。从此，田、鲍、高、栾四族备受齐景公恩宠，族中均有卿大夫入朝为官。然而没过多久，四族之间就因为各自的利益发生了争执，齐景公为了让四族互相牵制，也不做调停，结果朝内将相倾轧，民间也不断发生族间械斗，栾、高两族与田氏结为世仇，最终局势连齐景公也难以控制。

正处于新婚之喜的孙武，得知叔父穰苴的噩耗时已是第二天午后了。听到这个消息之后，他顾不得回禀父母就匆匆赶马来到田府。此时病榻上的穰苴昏迷已久。孙武大呼几声叔父，穰苴都没有丝毫反应。

到了傍晚时分，穰苴的身体开始发冷变硬，就这样，他一句话也没有留给孙武就死去了。一直守在他身边，煎熬了一下午的孙武放声大哭起来，并几次晕倒。穰苴的家人扶起孙武，待他醒之后，将穰苴的遗物交给他。孙武透过模糊的泪光，看到一个黝黑的木匣，里面是穰苴尚未编完的一部兵法。一个家人说："孙将军，穰苴大人昨晚回来时，就已知自己时日不多了，托付我将这个盒子留给你，让你仔细研读，希望你能帮助大人将此书编撰完。"孙武伤心地问道："叔父还有什么话留给我？"家人说："当时大人虽然已经昏迷不清，但是嘴里还是一个劲地说让孙将军避乱出游的话。"

孙武料理完叔父穰苴的丧事之后，就和父母商议出游的事情，并说出了叔父的遗言。孙凭听了他的话后沉思良久，说："你叔父是对的，他早已料到这一步了。四族之乱渊源很深，结怨已久，如今你娶了鲍氏，孙鲍联姻，更是栾高两族担心与嫉恨的。说不定今后还会有其他事情发生。你的才华与时间不能浪费在这种事情上，我同意你叔父的意见。何况你的年龄也不小了，也应该外出走走了。"

就这样，孙武离开了齐国，向吴国而去。临行前，他将叔父所遗兵法细细研读，抄在一张丝帛之上随身携带，并将叔父的手迹珍藏起来。

这部兵法后来又经多位兵法大家修缮，终成一部兵法大典，因原著是齐国大司马穰苴，所以又被称为《司马兵法》。

第二章

吴国的发展

❋ 费无极乱人伦 ❋

说到孙武在吴国的发展，就不能不提到一个人，这个人不仅是孙武的知己，更是孙武的命中贵人。如果不是他在吴王面前一日七荐的话，恐怕孙武还要在穹（qióng）窿山多隐居几年。这个人就是伍子胥。

十年前，楚国内乱纷起，楚灵王被杀，他的弟弟公子弃疾远在蔡国驻守，听此消息火速回国一举平定战乱，并自立为楚平王，而他的儿子建由公子也改称太子。楚平王聘伍奢大夫为太子的老师。太子建十六岁时，楚平王要为他选太子妃，同时也想借此机会和周边大国联姻，好巩固一下楚国霸主的地位。当时楚平王手下的宠臣费无极进言说秦国公主伯嬴贤淑美丽、门第相当，是太子妃的最佳人选。听了他的话，楚平王便命

◎费无极：春秋末年 楚国佞臣，官拜太子少傅。

费无极亲自前去秦国提亲。秦国为了增强自己的实力也正想结交强楚，如今见楚国有意联姻，正中自己下怀，何乐而不为呢，因此很爽快地一口答应下来，并且还准备隆重的举办此次婚礼。一切似乎水到渠成，别无他事了，然而费无极却偏偏在这件事情上多生出一枝节来。

在迎娶秦国公主伯嬴的途中，费无极无意中看到伯嬴的相貌，发现她绝艳惊人。这个谄谀阿附之徒一路思虑，为进一步攀附楚灵王，在即将进宫时他有了一个大胆的计谋。他

巧用调包之计，将一陪嫁女子换给太子为妻，接着他又暗地里将伯嬴带到楚平王的王宫。

他安排了一场歌舞请楚灵王到后宫观看，同时让伯嬴由几个侍女陪在屏风后观看。楚平王来时费无极又故意带路领楚平王从屏风旁走过。毫不知情的楚平王在经过屏风时一眼瞥见伯嬴，顿时失神，坐下之后他就将费无极叫到身边，询问那坐在屏风后观看歌舞的女子是谁。费无极如实地告诉楚平王那位女子就是秦国公主伯嬴，并将自己的打算说了出来。楚灵王听了勃然大怒道："胡闹，简直是颠倒伦常！此事如果传扬出去，本王不是让天下人耻笑？"费无极见楚平王变了脸色，假装害怕，连忙跪在地上说道："臣当时只一心为主公考虑，忘了其他，望主公饶我一死。"说完费无极看了看楚灵王，眼睛一转说道："其实这也怪罪臣耳背，当时罪臣只听得秦王说嫁女与楚国结好，没有听清进的是东宫还是王宫。那时罪臣考虑到太子尚且年幼，可待以时日再完婚。所以就……"接着费无极偷偷抬起头，暗中观察了楚平王的脸色，见他不说什么又连忙补充道："此事皆由罪臣一手操办，外人一概不知。"

早已为伯嬴美貌吸引的楚平王，刚开始只是碍于人伦不便开口。现在费无极一番"解释"，尤其是最后那句"此事皆由罪臣一手操办，外人一概不知"让他动了心，遂顺势假装呵斥一番，默许将伯嬴悄悄娶入后宫。入了洞房之后公主伯嬴才发现"太子"居然如此年老，心里面虽然知道受骗了，但苦于身边无人相助，也只得无奈认命。楚平王因伯嬴美艳绝伦，色冠六宫，欣喜若狂，二人遂成胶漆，费无极也因此更受恩宠。

对这件事情，费无极虽然一再声称"此事皆由罪臣一手操办，外人一概不知"，但这个骗局太好识破了。很快太子建便知道了事情的全部经过，当他得知自己娶进家门的妻子是个"冒牌货"，而他那真正的秦国公主，现今已经变成了自己的"母后"时，气得他拿着剑抓住费无极就要取他性命。听了太子建的话，费无极百般抵赖，只推不知。见他如此无赖，太子建怒不可遏，举剑便要砍。眼见费无极将要命丧剑下之时，伍奢得知消息，连忙赶了过来，从太子建手中夺下利剑，狠狠地将费无极斥责了一番。伍奢的本意是训斥费无极，好让太子建消气，同时也是给费无极一个台阶下，谁知费无极不但不领情，反而因此暗暗怀恨在心。伍奢顾及楚国的大国威仪，想着楚平王夺走自己儿媳立为王妃之事既然木已成舟，又闹得举国上下沸沸扬扬，就不要再让天下人耻笑父子两人为了争夺一个女子而拔剑相见了。所以伍奢苦苦规劝，将太子建带回了东宫。但太子建心中对费无极和父王夺妻之恨的种子却已经种下。楚平王虽然因为当时新婚大喜，没有时间去过多考虑其他事情，但是时间长了，他也开始感觉到太子建的叛逆。此时费无极趁机进谗言说："太子因为秦女的原因，不会没有怨恨情绪，希望大王自己稍微防备着点。臣请大王命太子出守城父，镇守边关，以防晋齐两国。"楚平王听了便答应了下来。

就这样，第二年深秋，楚平王下诏：楚国北疆兵力薄弱，恰逢太子建需要历练，命太子建前往北疆边塞固守城父，远可攻中原，近可安楚国。费无极阴谋得逞心中暗暗得

意：太子建远去北疆，自己除掉了身边这个整天虎视眈眈的危险人物，又把太子建和伍奢分开，无异于砍掉了太子建的臂膀。

太子建一眼就看穿了这个阴谋，但这是楚王的钦命，又不得不从。这时伍奢因为担心太子建安危，面见楚平王力求辅佐太子建，但楚平王还是将伍奢的请求驳回了。费无极仍担心太子建卷土重来，他又从狱中选出两位武艺高强的死囚，许以重赏，让两人刺杀太子建。临行前，费无极在两碗饯行酒中下了慢性毒药。两名刺客日夜兼程来到北疆，潜伏在军营外，行刺不成反被太子建的守卫当场抓获。严刑拷打之后两人说出是费无极亲传的楚平王的旨意，太子建虽然心里怀恨父王，但是对父王派人暗杀自己一事却不肯相信。第二天，太子建亲自带领一队人马，想回宫向父王求证此事。

费无极眼见太子建要回来兴师问罪，只怕这一下自己就再也难以逃脱了。费无极左思右想，就决定趁太子建还没有与楚平王见面，向楚平王诬陷太子建带兵包围王宫阴谋造反。费无极这个连环计太妙了，连楚平王也信以为真，立刻下诏废黜（chù）太子，并规定太子永不得回宫。

费无极离间楚平王与太子建之计得逞，太子只好远离都城。公元前522年春，费无极又向楚王进谗言说："太子建与伍奢将在都城之外谋叛，独立建国，与宋、郑两国为友；而齐、晋两国已经答应辅助于他，这些将会对楚国非常不利。"平王与太子建之间本来就已有嫌隙，在这种形势下，太子建意欲谋叛，实属可能，所以楚平王深信不疑。而弟子谋叛，则罪在师傅，于是楚平王当下即刻颁旨，命伍奢进京，令其认罪伏法。并对他说如果能暗害太子，便可不失今日之荣华富贵。伍奢乃一正直君子，自然不会因贪个人荣华而灭大伦，他先是苦苦相劝，后又义正辞严，骂楚平王无国无家，无父子，无伦常。楚平王被骂得恼羞成怒，下令将伍奢打入死牢。

✸ 子胥出逃图借兵 ✸

伍奢既然敢在朝廷之上，当着文武百官的面，把楚平王骂了个狗血喷头，那么楚平王为什么不立即将他推出去斩首示众呢？其实这还是费无极的奸计。伍奢有两个儿子，大儿子伍尚，是当时的有名之士；二儿子伍员，字子胥，善于剑术，且经常与当时的侠义之士来往，可以称得上是盖世英雄。这两人都是大孝子，如果楚平王将他们的父亲杀死了，他兄弟二人岂能善罢甘休！这样一来，岂不是又给自己添了麻烦？斩草不除根，后患必无穷。所以在将伍奢打入死牢后的第二天，楚平王依费无极之计提审了伍奢，对他说道："你上次教太子谋反，本应该斩首示众的，不过本王念你祖上有功德于楚国，特赦免你死罪，让你回家。你现在赶紧写信，将你的两个儿子召到郢都，改封官职。"伍奢历经沧桑，饱读经书，自然明白这是费无极的阴谋诡计。什么改封官职，分明是担心自己的两个儿子听说自己被杀后谋反，所以才让自己将两个儿子哄来，一起斩首，永除后患。想到这，伍奢就对楚平王说道："伍尚为人宽厚仁慈，叫他，一

定能来；伍员为人桀骜不驯，能够做到忍辱负重，所以他肯定是不会来的。"平王不理他，接着命武士持刀逼他去写，伍奢只好忍气吞声，颤抖着右手在绢帛上写道：

"吾因太子一事，忤犯大王，身陷缧绁（léi xiè），几为丧命。多亏群臣上表说情，大王念我祖上有功先朝，免吾一死，又擢拔吾为相国，封你兄弟为侯。为父感激涕零，特托右领前来召你兄弟一同面见大王谢恩，你兄弟见信可速速入京，不得迟疑。"

读了父亲的来信之后，伍尚心里一时难过，一时又十分欢喜。他难过的是父亲在外受辱吃苦，一想到这里，便心如刀绞。欢喜的是如今因楚平王念及祖上荫德，免父亲一死，又不由得喜出望外。不要说什么进京改封官职了，就是不让他们做什么官，他们也是十分愿意的。所以，在安顿好差人之后，伍尚就风风火火地直奔后厅，找弟弟伍员商议上京面见自己的父亲，也好就任新职。

伍尚对自己的弟弟伍员说道："如今父亲有难，不如你我同去面见大王，将父亲保出，然后做个普普通通的老百姓。"伍员性格刚烈，自幼熟读兵书，嫉恶如仇，所以愚忠愚孝的思想对他影响比较小。当他听了哥哥的话之后，又仔细地读了读父亲的来信，沉思了一会儿说道："父亲能免于一死已经是万幸了，你我兄弟二人没有半点功劳，怎么会有无故封侯的道理？我想这肯定是大王惧怕我们兄弟生出什么祸患，故意引诱我们兄弟二人进京，好斩草除根。我们如果不去，父亲可能还会苟延残喘多活一日；如果我们兄弟去了，父亲必遭杀戮。"

听了二弟的话，伍尚思索了一下，觉得也颇有几分道理，可是父亲召唤又不能不去，于是说道："父亲亲笔书信在此，怎么会有假呢？何况父亲也不会害我们兄弟，让我们自投罗网。身为人子，岂能不从父命？此实为不孝。如果真如二弟所说，此次前去是自投罗网，那也不能担这不孝之名呀！"

伍员听了说："明明知道君命是伪造的，我们还要听命；明明知道父命是假的，我们还要去听从，这有什么意思呢？大哥不如先随我逃往他国，日后再作打算。"伍尚想了想说道："我以殉父为孝，你以复仇为孝，从此各行其志，不相见矣。"伍子胥听了哥哥的话，想着人各有志，不能勉强，于是向哥哥拜了四拜，目送他离去后，自己便起身掉头逃走了。

伍员所说果然不假，他的哥哥伍尚一到京城，便与父亲伍奢一同惨遭不幸。这时的楚平王已被费无极谗言所蒙蔽。伍子胥逃走之后，见到了太子建，两人收拾了一下行李就向他国出逃，准备暂避一时，找准机会到邻国借兵复仇。

两人先来到宋国，刚入宋国境内就见到处是滚滚狼烟，伍子胥抓住一老农问了才知道，宋国目前也是内乱四起。见宋国尚且自身难保，借兵的事就更不可能了，所以，两人只得向西逃入郑国。恰好郑定公刚与晋倾公结盟共同抗楚，听完他们两人的事情之后，便热情接待了他们。

可是，伍子胥与太子建在郑国住了几天之后，发现郑定公并没有起兵的意思，于是，复仇心切的太子建就当着郑定公的面直说借兵一事。郑定公听了犹豫再三说道："郑晋两国如今已经结盟，若要出兵需要双方协商，太子不必着急，我会尽快与晋倾公商定。"太子建也不好再说什么了。在住处左右思考了一番后，为了复仇，太子建也没同伍子胥商议，就擅自来到晋国借兵。在路上，他恰好遇到了晋国大夫荀寅。大夫荀寅与郑国私怨很深，于是便利用太子建报仇心切，与他密谋灭郑，并许诺如果太子建帮助自己灭郑，晋国不仅帮助他剿灭费无极，还可以将郑国一半国土送给他作为他的封地。一时鬼迷心窍的太子建为了尽快报仇雪恨，竟然不顾郑国在危难之时收留自己的仁义之举，答应做荀寅的内应。太子建回到郑国后，暂时不提复仇之事，而是接近郑定公和朝中将相，不断把自己所得的有关郑国的情报，秘密交给荀寅派来的奸细。

一天，太子建的一个随从不小心打烂了一个盘子，当时太子建心里正为不知何日才能报仇之事而烦躁，看到后不由大发脾气将他打了一顿，并逐出家门。被太子建赶出的随从因此而心生恨意，于是，他晚上来到相国家里，将太子建这几天的行踪告诉了相国。听了随从的话，相国这才发觉太子建这些日子确实有许多可疑之处，便暗中派人跟踪太子建。对此并没有觉察的太子建依然与荀寅派来的奸细暗中接头议事。一天，两人正在说话，不小心被跟踪的人当场抓住。在一顿拷打之后，奸细招认了太子建和荀寅的密谋。听到这个消息，郑定公惊出一身冷汗，于是先解除了郑晋之盟，接着将太子建斩首示众。

听到这件事，伍子胥在一阵惊奇之后，只好趁夜色逃离了郑国。在逃亡路上，伍子胥思忖再三决定投奔吴国。可

是去吴国路途遥远，一时难以到达。伍子胥走了几天后，见四处都悬挂着捉拿自己的告示，他只好穿山越岭，专走小道。这一天，他来到一座大山脚下，只见山上满是青松翠竹，郁郁葱葱。伍子胥走得累了，又见天气炎热难熬，于是便在一树荫下歇歇脚。他刚一坐下，却见前面有一队车马走了过来。伍子胥怀疑是楚兵追来了，连忙站起来，躲入树林之中，不想自己早已被车上的人看见了。那人到了林边将车停下，跳下车，来到树林中左右看了一下说道："我明明看见是伍员兄在此歇息，怎么一转眼却不见了人影？"他命众随从跳下车入林寻找。这时，躲藏在草丛中的伍子胥仔细一看，认出了来人并非楚军，而是自己的朋友申包胥时，连忙从草丛中走了出来，一把抱住他说道："原来是兄弟，我原想今生不能再相见了，没想到竟在这里相逢。"说着掉下泪来。申包胥看了他的模样不由得有些好奇，问道："伍员兄这是怎么回事？"

于是，伍子胥便将自己如何家破人亡，如何与太子建逃出楚国，以及太子建在郑国又是怎么被杀的事情说了一遍。申包胥听了，感叹不已，说道："伍员兄家中遭此横祸，实在是不幸之至，今日且随我到山中休息几日，再走也不迟。"伍子胥听了他的话说道："现今官府在到处缉拿我，这里能待吗？"

申包胥说道："此山脚有一个空山洞，洞内有一条暗河，直通大江，据说此洞乃是乌龙王的别宫，洞府内浑然天成，是一个很好的藏身之处，躲在那里是谁也想不到的。"伍子胥见盛情难却，只得依从，和申包胥一同来到空山洞。

到了空山洞，只见洞口高达十丈有余，洞内大厅约可容数百人，很是壮观，心情也不由得开朗起来。就这样，他与申包胥在里面玩了一会儿，二人玩累了就回到牧棚，简单吃点晚餐，又略叙了一会儿，便各自歇息。

第二天早上起来，伍子胥思考了一下，决定还是赶紧去吴国好，省得留在此处整日担心受怕，于是他便找到了申包胥，对他说出了自己的想法。申包胥听了也不好再阻拦，就对他说道："兄弟既然非要走不可，我也不拦你了，且让我送你一程。"说完转身对家人说道："你且先到山下长亭，将酒菜备好，我要在那里为子胥兄送行。"家人听了连忙去准备，伍子胥推辞不得，只好和申包胥绕过山头，骑马上道。

再说那长亭就在山下，二人走不多远就到了。进了亭内，申包胥拉着伍子胥对面坐下，端起酒杯说道："这第一杯酒，我先敬令尊大人和尊兄。"说着，起身将酒洒地，默哀片刻，接着举起第二杯酒说道："这第二杯酒，我祝伍兄躲过此劫，从此安身立命，为国效力，再取功名。"听了申包胥的话，伍子胥站起身来说道："申兄好意，小弟心领了，但小弟有一句话要先说给兄长知道。"申包胥放下酒杯笑了笑说道："伍兄有话但请直言不妨。"伍子胥说道："楚王杀我全家，此仇不共戴天，今日伍子胥别过兄长，就投奔吴国，借兵伐楚，生嚼楚王之肉，车裂无极之尸。"

听了伍子胥的话，申包胥心里暗暗吓了一跳，举起酒杯劝道说："兄弟且息怒，楚王虽然无道，但毕竟是你我的君王，我等世代食其俸禄，名分已定，将来找个机会杀了费无

极为你父兄鸣冤昭雪，到时你们君臣和好如初，岂不是好？如今你又何必结仇于大王呢？”

伍子胥听了将手中的酒杯扔到地上说道：“昔日桀纣无道，其臣下诛之，为后世之人所称誉，今楚王弃子嗣，娶儿媳，信谗言，杀忠良，与桀纣无异，我今请兵入郢，乃是为楚国除害。我今生若不能灭楚，誓不立于天地之间。”说到这，伍子胥看了看申包胥接着说道：“又何况古人有言‘父仇不报，枉为人子’。”

申包胥听了，半日说不出话来，沉默许久才缓缓说道：“我若是叫兄弟不去报仇，是陷兄弟于不孝；若是说让兄弟去借兵报仇，覆灭楚国，此又为不忠。唉，此事还是你自己拿主意吧！作为朋友，我不会将你的行踪去向告诉别人的，但是作为楚人，我也要对你说清楚，如果你能颠覆楚国，我必定要兴复楚国。”

“人各有志，不能勉强，我们就此一别。”伍子胥听了申包胥的话也不生气，扬起头，将杯中酒一饮而尽说道，“申兄，多谢关照，如若天遂人愿，你我后会有期。”申包胥也将杯中酒一饮而尽说道：“伍兄一路平安。”

与申包胥分别后，伍子胥白天躲在树林草丛之中，到了晚上等盘查有些松懈了再匆匆赶路。就这样煎熬了两天两夜之后，他到了历阳山，再往前就是吴楚交界——昭关，出了此关便是通吴的水路。楚平王原先就派了重兵把守，如今为缉拿伍子胥，又特派遣右司马芳（wěi）越带领大军驻扎于此。关卡处士兵日夜严查，层层盘问。

两天两夜粒米未进的伍子胥，看到了不由长叹一声，

在灌木丛中略为休息了一下，趁着周围没有人就匆匆跑到一条小河旁边。就在他躬身正要伸手喝水时，忽然看见小河里自己的身影，不由吓了一跳，原来自己的满头乌发不知何时全部变白了。伍子胥想起父兄抛尸荒野，大仇未报，自己现在连安身立命之处都没有，一时急火攻心，突然只觉一阵晕眩，接着便什么也不知道了。

✳ "芦中人"与"老渔夫" ✳

伍子胥从昏睡中慢慢地醒来，睁开眼睛向四处看去，感觉恍如隔世，再仔细一看，却发现自己躺在一张床上。旁边坐着一位老丈，而老丈身后的一个药罐中，正不知在煮些什么。老丈看到伍子胥醒了过来，并挣扎着要起身，便温和地对他说道："伍先生醒了？"

见老丈能叫出自己的姓氏，伍子胥心中不由暗暗一惊，不过表面上却显得十分镇静，说道："伍先生？老丈可是与我说话？请问老丈您是……"见了伍子胥的模样，老丈心里知道他是有所担心，因此也不介意，而是接着笑道："先生好生躺着吧，你不是楚国的伍子胥么？"伍子胥暗暗将手伸向腰间摸去，空荡荡的，自己所佩带的那把宝剑正挂在老丈家的墙上。"我是救人不是害人，伍先生不必惊慌，"老丈似乎看出了伍子胥的意图，微微一笑说道，"此地荒凉偏僻，极少有人来往，先生就是在此住上一年半载，也不会被他人发现。"听到这伍子胥满

◎扁鹊：（公元前407—前310年）原名秦越人，是战国时代的名医。扁鹊精于内、外、妇、儿、五官等科，被尊为医祖。相传扁鹊曾医救虢太子，扁鹊死后，虢太子感其再造之恩，收其尸骨而厚葬。扁鹊墓位于今天的山西省永济市清华镇东。扁鹊年轻时虚心好学，积累了丰富的医疗经验，并到各地行医，为百姓解除痛苦。

脸疑惑，老丈接着自我介绍道："我非俗子，乃是东皋（gāo）公，东海名医扁鹊的关门弟子。前几日外出诊治，看到四处都有缉拿先生的告示，归途中正好发现先生昏卧河边。先生放心，我知道先生要过昭关，我愿助先生一臂之力，也算祭奠贤臣良相在天之灵吧。"

伍子胥听了赶忙下床便拜，说道："若能如此，伍子胥他日必当厚报。"东皋公赶紧扶起他说道："先生只管休养身体，等我想出良策，再送先生出关也不晚。"

听到这，伍子胥也不再说什么了，只得先在东皋公家暂住下来。可是没住多久，伍子胥便又烦躁起来，虽然自己一时性命无忧了，可是他报仇心切，急于出去查探，又不知昭关形势如何，怕出了什么差错会连累东皋公。因此终日夜不能寐，在床上躺了没一会儿，就又起身站起来，就这样反反复复熬到天亮。这一天，伍子胥前去催问东皋公，东皋公安慰他说："先生只管调养身体，老朽在等一个人。"

两天后的一个早上，东皋公突然敲门，语气之中带有欣喜地对伍子胥说道："伍先生，我们等的人来了。"伍子胥听了赶紧开门，当他看到眼前这个人时，不禁愣住了，眼

前站着的人不正是自己吗？可自己又是谁呢？看到伍子胥的表情，东皋公不由呵呵地笑起来说："如今这个'伍子胥'连伍先生本人都被蒙蔽，看来伍先生出关之事已成功一半了。"伍子胥还不太明白，东皋公就向他解释起来。

来人当然不是伍子胥，他正是东皋公要等的人，名叫皇甫讷，是东皋公的好友。听到这里伍子胥心中明白了八九分，可是在一阵高兴之后又担心起来。他高兴的是自己出关有望，担心的是事情一旦败露，非但自己自投罗网，而且会连累东皋公和皇甫讷。皇甫讷看穿了伍子胥的心思，坦然安慰他道："今令尊为国捐躯，日月可鉴。我与伍先生虽未谋面，却神交已久，理应献微薄之力，以助伍先生过关复仇，早日让令尊大人的冤案昭雪于天下。"伍子胥听了不由一阵感激，连忙对两人深深下拜说道："倘若伍子胥有出头之日，定当报答二位。"东皋公听了只是哈哈一笑。

伍子胥和皇甫讷换了衣服，接着东皋公又将伍子胥装扮成一个花甲老农。等一切都弄好之后，他们三人便一同向昭关方向走去。来到了关口，守门的士兵正在对每一个过往之人严密盘查，看到这儿伍子胥的心里不由怦怦跳得厉害，成败生死就在此一举了。想到这儿，伍子胥拼命地掩饰着内心的激动，并悄悄向东皋公与皇甫讷看了一眼，只见两人坦然镇定，好像根本就不知道会有什么事情发生一样，大模大样地走向盘查的守关士兵。

快走到盘查处时，皇甫讷突然将头低下，并有意用手遮住脸。一个士兵看到了，心中起疑，一把拉下他的手，皇甫讷假装惊恐，拼命挣脱。看到他的模样，那个士兵惊喜地大叫：“是伍子胥！快快抓住他！”听到士兵的话皇甫讷故意夸张地大喊：“我不是伍子胥，我不是伍子胥！”皇甫讷越是这样喊，盘查的守关士兵越是怀疑。就这样，很快有几名士兵扑了上来，将其扭住，兴奋地大喊：“抓住伍子胥了！抓住伍子胥了！快去报告大人！”关口附近的行人一听说伍子胥被抓住了，马上像潮水一样涌了上来围观。顿时关口乱作一团。

正担心皇甫讷是否会遭遇什么不测，伍子胥抬头向东皋公看去，远远地却看见东皋公正向他使眼色，让他快趁乱出关。伍子胥略想了想，心一横，挤在人群中趁乱出了昭关关口。逃出关口之后，在一个安全之处，伍子胥面向关口的方向跪下拜了三拜，然后含泪转身向吴国方向狂奔而去。

守关右司马蔿（wěi）越听说伍子胥被捉，匆匆赶来。这时亦真亦假的“伍子胥”在和士兵们竭力周旋，折腾半日之后估计真正的伍子胥已成功过关逃离险境，便理直气壮地大喊冤枉，并详尽说出自己的住址和家族谱系，并称愿和士兵们前去官府当堂对质。这时，一直在一边观看的东皋公也出面为朋友作保。看到这，蔿越心里一下子明白过来，大呼上当。虽然他心里面明白此事有诈，可是东皋公半生周游行医，上至将卿贵族，下至黎民百姓都受过他的恩泽，加上自己又无凭无据，自然拿他没办法。所以，蔿越只得急命兵士沿小路追击，想赶在伍子胥入吴之前将其擒获。

伍子胥逃离关口十余里，突然眼前出现一条大江，滩险流急。后面的追兵越来越近，前面又有大江断路，伍子胥只得躲进江边芦苇丛中暂避。江风吹过，芦苇发出呜呜的声

音，听到芦苇声，伍子胥长叹一口气说道："难道上天真的如此之不容我，父兄大仇未报，我伍子胥就要命丧此处吗？"就在伍子胥长叹之时，一个苍老的声音透过芦苇传了过来："是何人在此叹息？"伍子胥拨开芦苇，见一位老渔夫撑着一只小船驶近芦苇丛。看到老渔夫，伍子胥一阵狂喜，说道："老丈快快救我！"

老渔夫听了也不说什么，载上伍子胥便驶向对岸。靠岸后，伍子胥深深作了一揖说："多谢老丈救我，可惜我身无分文，眼下也只有这把宝剑值些钱了，老丈若觉得有用可以拿去。"听了伍子胥的话，老渔夫淡然一笑说道："难道先生这把剑能比得上万担粟和上大夫一职吗？"伍子胥心里一惊，原来老渔夫早认出他是伍子胥了。正要再说什么时，老渔夫又对他说道："我看先生面带饥饿之色，等我给你取些饭菜来。"伍子胥满脸愧色不好再

说什么了。老渔夫把小船系在渡口，转身就向远处的一个小渔村走去。

伍子胥藏在船上焦急地等待，可是过了好久，并没有看到老渔夫过来。已如惊弓之鸟的伍子胥不由得紧张起来，莫非他……伍子胥心中突然泛起一丝不祥的预感，他仿佛看到老渔夫正带着许多楚兵从远处走过来。想到这，他机警地拔剑离开小船，躲进芦苇中掩身四望。就在这时，老渔夫拎着饭食蹒跚地走了过来，看到船中无人，正在纳闷，却见伍子胥从藏身的芦苇中走出，他的眼中闪过一丝失望，不过也没有说什么，只是将带来的饭菜给了伍子胥。伍子胥狼吞虎咽吃完准备上路，离别时询问老渔夫的姓名，老渔夫叹口气说道："我用这小舟载过千万个过江之人，匆匆过客何必问姓名？你我他日若能再相见，我叫你'芦中人'，你唤我'老渔夫'也是可以的。"

伍子胥听了便记了下来，接着又叮嘱老渔夫说："若有他人问起，老丈千万不要说见到我，否则我便有性命之忧。"老渔夫微笑点头说道："先生放心。"伍子胥拜别，前行数十步，用疑惑的目光看看老渔夫。老渔夫再次点头。再行数步，老渔夫已解开系缆准备开船，伍子胥仍不放心，转身叮嘱："老丈切莫告发我。"

老渔夫叹道："我渡先生只是因为仰慕先生高义，并无他求。先生竟屡屡不信老渔夫，我如何许诺先生才可放心？"伍子胥见渔翁满脸不高兴，一时无言，怔在那里。这时渔翁将船撑开，前行不远，突然拔舵放桨，倒翻船底，自沉于江中。伍子胥见老渔夫性格如此刚烈，不禁热泪盈眶，

说道："老伯啊，不是我伍子胥狠心逼你去死，只是为了报仇雪恨，不得不如此啊！您放心，我伍子胥日后若能成功一定以死相报。"

接着伍子胥捡起地上的另外半支船桨，用石块压在老渔夫系船的缆桩边，拔剑刻上"他日若得成功，子胥当以命相还"。刻完后又拜祭了一下老渔夫，这才匆忙离去。楚兵追到江边，四下寻找见没有一个人，只得悻悻离去。

乞讨数日，伍子胥终于来到吴都王僚的宫门外，但伍子胥只能遥望无法入宫，因为此时闯宫门，守卫会把他当做疯癫的乞丐或者乔扮的行刺者。就在伍子胥不知如何是好时，被离正好路过。被离目光犀利，发现这个蓬头垢面、衣衫褴褛的人气质不俗，再仔细一看，不禁心中狂喜，心中暗暗说道："真是天降英才于我大吴呀！"被离平日扮作术士整日周游，曾见过伍子胥的画像，久仰其名，对伍子胥早就心驰神往，渴望能与之交往，今日见到本人自然是喜出望外了。于是连忙上前和他聊了起来。

两人一阵攀谈之后，被离将伍子胥带回家中，只是简单地说自己可以引荐伍子胥见到大王。被离在帮伍子胥换洗之后，就送伍子胥进王宫。

✳著书立说孙武蛰伏五年✳

关于伍子胥，前面已讲了这么多，这里暂且先放一下，现在咱们再来说一下孙武。孙武自从辞别父母之后，经过数月的颠簸与长途跋涉，和自己的妻子终于来到了吴国的太湖东岸。此处群山环抱，山势虽然不高，却蓊蓊郁郁。这是天目山向东延伸的余脉，分布在姑苏城西的太湖沿岸，向西南伸入太湖之中，形成四个半岛。西洞庭山宽广可有数百里，是太湖诸岛中最大的一个。穹窿山为太湖东岸群山之冠。然而高大并非穹窿山的唯一特点，富有，才是它的长处——山深林密，珍禽异兽，桑园片片，茶林若烟，正是隐居的好去处。

在穹窿山深处，孙武选了一个地方，盖起五间正房——三间东厢，两间西厢，一家五口，三个奴仆，就暂时在此栖身居住下来。而孙武的《兵法》十三篇，也是在这幽静的庭院内，精心修改而成的。院外有一片草地，孙武带领全家，开垦出一块田地来，种上五谷和菜蔬。他们又在园内建了畜栏，饲养禽畜。这种生活对身为齐国贵族的孙武来说，虽辛苦寂寞，但却怡然自乐……

安顿下来之后，孙武没事就装扮成当地的农夫，头戴竹笠，肩披蓑衣，遍游吴地的山山水水。这一天，孙武装扮成樵夫，身背竹笼，慢步走下山来。这日他来到一处集市，只见集市不远处的河上有一座名字叫"积善桥"的石头桥。对这座桥的名字孙武很感蹊跷，便在桥边小店沽了一壶土烧，一边喝，一边与店中老者闲聊了起来。在与老者的闲聊之中，孙武得知了"积善桥"其名的来历。

从前有位风水先生，慕名来穹窿山游览。当时正值盛夏，这位风水先生来到镇口时，已是口渴难忍。就在这时，他碰到了一位老农，风水先生便向他求水解渴。老农听了立

即让孙媳烧水。风水先生急欲解渴，哪里还等得及，于是就对老农说："缸里的凉水也是可以的。"说完不等老农再说，就伸手想用勺舀水。老农看了，转身抓了一把稻糠撒在水缸里。风水先生看了，心中颇有些不高兴，心想这不是摆明着不让自己喝嘛。可是前后几里路也只有这一家了，因此他也没有将自己的不满表现出来，舀了水之后，细心吹开稻糠喝了起来。而老农则在一旁边笑边看他喝完。喝过水后，为了歇歇脚，风水先生就与老农闲聊了起来。没一会儿两人扯着扯着，就扯起风水之事。老农听说他会看宅，就顺便请他给指点个造新房的好房基，风水先生想想刚才的事情，于是就故意选了一处绝地，并将此地夸耀了一番，然后起身告辞离去。

多年以后，风水先生因为别的事旧地重游，无意间又来到老农家门口。他看到老农家里面新屋焕然一新，一时十分不解。就在这时，老农突然从屋内走了出来，认出这位风水先生，热情地将他请入室内喝茶，并对他说道："多亏先生指点，选中了这块好地造屋。自从这新屋子造好后，我们家一直过得红红火火，正愁没处谢先生呢，不想先生今天又来到本地了，可见这真是天意呀。"老农于是设宴款待，并命家中子孙一一向风水先生致谢。

看到这些，风水先生心里颇感歉疚，一时沉默不语。老农看到他的模样，十分奇怪，忙说道："老夫虽是山野之人，但待客却是真心善意的，先生不必多虑。记得那年先生来此，老夫一时没有茶水招待，又担心先生因口渴难忍，猛然急饮冷水会喝出毛病，所以在水面上撒了把稻糠，使您耐心吹糠慢饮，先生可还记得？"老农一席话使风水先生一下子明白了当天的事情，更加羞愧，于是吐露真情，对老农说道："古人云，善有善报。你今天的一切都是您勤劳致富的结果，与风水无关。"说着就将自己多年积攒下的钱捐资修筑了这座石头桥，并题名"积善桥"以感谢老农。

在小店里又待了一会儿，孙武就循穹窿山东北而行，没多久他来到了灵岩山。远远望去，灵岩山就好像一头伏在地上的巨象，巍峨雄壮，气势凛然。这是吴王的行宫，听说宫中吴王姬妾成群，嫔妃如云。孙武此时还是一个普通的汉子，自然被隔在禁区之外。于是他便绕山而行，但是远远地却可以听得到从行宫之中传出的莺歌燕舞之声，可以感觉到香风阵阵，令人感慨万分。

穹窿西北有个虎谷，传说因为吴王养虎于山中而得名。那里环山抱水，水光潋滟，俨然一幅天然的青山绿水画。泛舟湖中，就好像在画中游览一般。在虎谷近处有一座山，每到初春时节，漫山遍野的梅花争相开放，洁白如雪。沿着花径拾级而上，登上峰顶，四处极目眺望，只见无处不是梅花。此时再看那掩映于梅花丛中的亭台轩榭，就像仙山中的玉楼琼阁，漂浮于大海之上，美妙绝伦。在这里玩了一会儿，孙武又向其他地方游览而去。

来到吴国之后没多久，孙武的足迹可以说是遍及吴地的名山湖泊。一日，孙武约了三五位结识的山野村夫，泛舟同游太湖。孙武自小在淄河边长大，对水有着特殊的感情，到了湖心，孙武将鱼饵和钓丝甩进湖内，坐在石岸上，赤裸的双足垂到水里，静静地等着鱼儿上钩。

到了晚上，为赏月听涛，孙武对家奴说他决定明日再回家，今晚主仆两人就露宿西山岛。到了晚上，天清月朗，湖明花香，一轮明月大如冰盘，高高悬于空中。看到这里，孙武不由想起了家中的父母，想起了齐国的那场政治风波，此时那一切是否已经平息了？一家人会受到株连吗？自己是远离了那是非之地，生活安逸，但想到其他的亲人，孙武不觉心里隐隐作痛。孙武越想越难过，越想越悲伤，不禁清泪滚流，害得家奴不知所措，束手无策……

自从游了太湖之后，闲暇无事可做之时，孙武便去钓鱼，并养成了嗜好。为了钓鱼方便，他又买了一只小舟，自己划桨，泛舟来往。他有时朝出暮归，有时以舟为家，住在岛上。钓鱼既能散心，又修养人的性情，使人清心寡欲，因而减少烦恼，且有利于静心、忍耐、不急躁等性格的形成，这大约是孙武爱上钓鱼的原因吧。

这一天，孙武正独自一人在湖中垂钓。正当他望着水面出神时，突然看到一只小船向自己行驶而来，里面还有个人呼喊着自己的名字。孙武看了一下身影，并不认识，正在纳闷时，从船上跳下来一个人，不等孙武明白过来就扑向他，嘴里喊着"少爷"，就号啕大哭起来。孙武手拉此人仔细看了一下，不由一阵惊喜，原来是家臣李刚。可是年近半百的李刚怎么会远隔万水千山，突然来找自己？孙武怔怔地盯着他胡思乱想着，李刚被盯糊涂了，瞪大了惊异的双眼问："怎么，大少爷不认识我李刚了吗？"

"你，你真是李刚吗？"孙武拉着他的手上下审视着，接着孙武猛扑过去，大声哭了起来。孙武在想，既然李刚不

远万里寻到这里，肯定是家里出了事情，因此悲痛欲绝，落泪如雨。李刚见孙武如此泪流不止，以为是思念亲人，所以也跟着流起泪来，他俩主仆相抱，大哭不止……

不知哭了多久，两人才被跟来的家奴给劝住。原来孙武携眷离家出逃，两年来杳无音讯，全家人放心不下，所以才派家臣李刚前来吴国四处探询。现今全家人一切安康，只是对他日思夜念，寝食不安。听了李刚的一席话，孙武不由喜出望外，当即让家奴收拾好渔具回家。到了家中，孙武吩咐妻子杀鸡宰鹅为李刚洗尘，同时更是庆祝孙家祸避人安。

从李刚嘴里孙武得知晏婴年岁已高，将不久于人世。等晏婴归天，各派政治势力必然又是一场争斗和混战，胜负难料。也就是说，齐国此时正处在火山口上，随时都有意外的事情发生。所以家中并不希望孙武回去，只让他修书一封，详述别后的情形，让李刚带回就行了。听了李刚的话，孙武就写了一封长长的信，在李刚休息了几天之后，就让他带着信踏上了归程。

姬僚之死

吴国有一个与其他国家不一样的传统，就是王位相传，兄终弟及。前吴王诸樊死后，他的弟弟余祭、夷末都当过吴王，所以该由季札继立。可是季札坚持要做圣人，不肯做王，那么王位就应该回到诸樊一房。姬光是诸樊的长子，自然该姬光即王位。不料夷末的儿子倚仗他父亲这座靠山，早就培植了势力，竟自立为王了，这就是当今的吴王姬僚。

姬光当然气不过，日夜思虑想要夺回王位，可是他又感到自己要想除掉姬僚就如蚍蜉撼大树一样困难。在这种情况下，姬光要想夺位的办法只有一个，那就是"刺杀"。但是对吴王姬僚，外人是很难接近的。他有一副狻猊犀甲，刀枪难入，整日穿在身上。姬光只有暗中网罗人才，等待时机了，而被离就是一个被他网罗的人才。被离本是一位衙吏，因办差失误被重重责打，并

◎狻猊：狻猊本是狮子的别名。还有一种传说称狻猊是龙生的九子之一，排行老五，是一种猛兽。形如狮，喜烟好坐，佛祖见它有耐心，便收在胯下当了坐骑。它的形象一般出现在香炉上，随之吞烟吐雾。由于佛祖释迦牟尼有"无畏的狮子"之喻，人们便顺理成章地将其安排成佛祖的坐席，或者雕在香炉上让其款款地享用香火。

没收家产。那一天，姬光正巧遇到此事，见他可怜，就劝了县尹几句，县尹也就顺势将他放了。被离感激不已，自荐跟随姬光。被离深知姬光的心思和苦恼，这时吴王姬僚对民众苛刻冷酷，民间怨言渐生，他就劝说姬光趁势对周围人仁慈施恩，积蓄力量。

姬光苦苦等待的这个机会终于来了。楚平王病重，下诏将伯嬴所生的公子轸立为新君。第二天，楚平王就驾崩了，年仅六岁的公子轸即位。国君新丧，新君年幼，楚国朝野一时群龙无首。吴王僚看准时机，连忙与群臣商议，准备趁楚国丧乱之际发兵南伐以兴霸业。

伍子胥借兵伐楚的夙愿终于实现了，吴王姬僚派出公

子掩余和烛庸担任大将，率两万精兵水陆并进，包围楚国要塞潜邑。潜邑太守一面坚守，一面速向郢都告急。楚昭王初登王位就遇大敌入境，群臣惊慌失措。子西进谏说道："吴国无德，趁我国新丧之乱借机侵扰，实是不义之师。依臣之见，可派左司马沈尹戌率陆兵一万驰援潜邑，再遣左尹伯郤宛率一万水军从淮水顺流而下截住吴军，使之首尾不能兼顾，吴军只能坐而受擒。"

楚昭王大喜，调遣二将水陆并进。掩余、烛庸正在围攻潜邑，忽接到线报，楚军援军来袭。二人分兵迎战，沈尹戌暗中亲率七千兵士将吴军后退的水路阻断。看到没了后路，掩余、烛庸二人不由惊慌起来，这时又突然接到线报说"楚将伯郤宛带领水师在淮水塞断了江口"。吴军一时进退两难，只得分作两营，以犄角之势困守等待救援。前线急报传回郢都，两员大将率两万精兵轻易被困，朝野一片惊慌。可这时姬光心中却暗暗高兴。

机会真的降临到姬光的面前了。吴王姬僚身边虽然将卿众多，但心腹之人只剩下太子庆忌，而能解吴军之困的也只有庆忌。可是吴王姬僚又不能派庆忌解救吴军之困，因为倘若那样，吴王姬僚就会羽翼尽失。所以吴王姬僚是不会轻易让庆忌离开郢都的。

这一夜，伍子胥夜入姬光的府邸，不知与姬光密谋些什么，直到金星偏西才匆匆离去。与此同时，在郢都城外的一条小路上，专诸也在匆匆前行，脸上泪痕未干。三个月前，被离来到专诸的茅舍，专诸准备好酒水与被离把酒畅谈。在席间被离道出自己的身份，问专诸是否愿辅佐姬光。专诸听

◎专诸：堂邑人。传说今无锡鸿声乡鸿山西走马港人，屠户出身。长得目深口大，虎背熊腰，英武有力，对母亲非常孝顺，是当地有名的孝子、义士。

后半天不语，淡淡地说："贤弟有事，我当以命相助。"听到他说出了这句话，被离就说出了自己的计划。原来吴王姬僚嗜爱吃太湖鱼，被离打算送专诸去太湖拜名师学习烹鱼之术，等待时机行刺姬僚。

如今时机成熟了，姬光与伍子胥、被离再次来访专诸，说明来意。专诸听后，脸上却显出犹豫之色，过了好久才开口说道："专诸非怕死之徒，只是担心家中老母，今日若使白发人送黑发人，实为不孝之极，专诸不愿为不孝之徒。"

听到专诸这么一说，姬光一时间大失所望，但仍不肯放弃，向专诸恳求道："你放心地去做这件事吧，你的母亲就是我的母亲，我一定会尽心奉养，不会辜负于你的。"专诸听了依旧摇了摇头说道："为家中老母，专诸只得违约，万望公子与仁兄见谅。"正当姬光、伍子胥、被离感到绝望之际，专诸的母亲不知何时来到他们面前，生气地对专诸说道："我已听到你们的对话，儿呀，你既已向姬光王子誓言忠诚，为何又背信弃义！忠孝本为一体，岂能为孝废忠？从今以后你不用为我担忧，尽心辅佐王子就行了！"老母对专诸说完之后，就回到后室，并且为了绝专诸后念，自缢身亡了。正在谈话的姬光、被离和专诸突然听到老夫人房间有声音，连忙跑过去，却已经晚了，老夫人已经死了。姬光、被离和专诸只得含泪厚葬老

夫人，并开始筹划如何刺杀姬僚。

姬僚外出，必穿狻猊犀甲，一般刀剑难以刺入。不过此时姬光获得了一把剑，相传为越国名匠欧冶子呕心沥血所造。此剑长不过三寸，名叫鱼肠剑，锋利无比，削铁如泥，自然能刺穿狻猊犀甲。有此一剑，专诸刺杀姬僚就有信心了。

◎鱼肠剑：宝剑剑名，为专诸刺姬僚时置之鱼腹中而得名。剑虽利刃，然未有诸书所谓之神。所谓为欧冶子、干将之流所铸云云，都是后来诸家附会之言，正史并没有记载。

一切筹划得天衣无缝。一日，姬光进宫邀姬僚赴宴，对他说道："微臣明日将于太湖亭设宴，与几个大臣共享垂钓之乐，不知大王能不能屈尊前往？"吴王听了笑着说道："王兄之邀，岂有拒绝之理，但不知席上所献何鱼？"姬光连忙回答说道："自然是大王喜欢吃的鲈鱼。"

听了姬光的话，姬僚笑着说道："难得王兄一片诚意，本王明日必到。"得到了姬僚的答应之后，姬光急忙出宫，前往伍子胥处谋划。经过商

◎鲈鱼：鲈鱼分布于太平洋西部、我国沿海及通海的淡水水体中，黄海、渤海较多。为常见的经济鱼类之一，渔期为春、秋两季，每年的10—11月份为盛渔期。栖息于河口咸淡水中，也能生活于淡水。性凶猛，以鱼、虾为食。个体大，最大可长至30～50斤，一般为3～5斤。鲈鱼肉质坚实洁白，不仅营养价值高而且口味鲜美。

议，他们决定派百名力士埋伏于太湖亭附近，而专诸则乔装为庖丁，借机接近姬僚。

第二天，姬僚带着五百名护卫来太湖亭赴宴。酒宴开始后，姬光亲自为姬僚斟酒并对他说道："大王亲驾光临，微臣甚感荣幸。"姬僚举起酒杯，正要喝酒，突然看到姬光疑惑地看了看自己所带的随从，于是自我解嘲似的说："昨夜寡人做了一个噩梦，心中颇有不祥之感，又不愿毁约不来，所以就携护卫前来，王兄切莫见怪。"姬光听了连忙一笑说道："微臣不敢。大王贵体安康，乃是江山之福，万民之福，理当时时防范不测。"

不过今天姬僚所带的护卫的确异乎寻常，不仅姬僚身旁站立着数个手持利刃的卫士，而且在场的每个人身旁也都站有一名卫士监视着。每一个接近姬僚的人，都必须经过彻底搜身，才能前行，就连斟酒时都有三名卫士监视着。姬光见了这番情景，内心不由得焦虑不安起来，心想：不知专诸是否知晓这里戒备如此森严，他到时又如何接近姬僚？

其实此刻，专诸也正在为如何接近姬僚而苦恼，突然，他灵光一闪，将鱼肠剑放于鲈鱼腹中，双手捧起这盘名菜，敬献姬僚。依照规定，不等他上前就有武士来搜身，搜过之后方才让他上前。专诸款款大方地托着菜盘，来到姬僚面前，恭敬地施礼说道："小民平生最擅长炙鱼，今日闻得大王在此，特奉上鲈鱼一尾，敬请大王品尝。"吴王姬僚听了微微一笑问道："此鱼何处所钓呀？"专诸镇定地说道："太湖所钓，为敬献忠心，我家主人姬光餐风宿露，亲自垂钓所得。"姬僚听了连忙起身向前略施一礼，对姬光笑着说道："难得王兄一片忠诚，本王感激不尽！"姬光连忙站起身来，施礼回敬说道：

"臣事君，乃是常理，臣不过是依理而行，不值一提，还是请大王快快品尝这红炙鲈鱼吧……"姬光偷眼看了一下专诸，只见专诸大大方方向姬僚走去，还没走两步，只听姬僚对专诸说道："先剔除鱼刺，寡人再用。"

专诸奉命，向吴王再拜，上前装着剔取鱼骨的模样，接着趁姬僚与别人谈笑之时，突然抽出鱼腹中的鱼肠剑，以迅雷不及掩耳之速猛地刺进姬僚的心窝，姬僚大叫一声，当场毙命。旁边的卫兵蜂拥上来，不等专诸移动半步就将他剁成肉泥。

隐于旁边的伍子胥跳蹿而出，长剑一挥，宴席上数十名卫士已应声倒地。伍子胥接着一声呐喊，埋伏在四周的力士一齐杀了出来，两边争斗了起来。伍子胥这边得知专诸得手，威力倍增；吴王姬僚那一边见姬僚身亡，势减三分。在一阵厮杀之后，姬僚所率卫队全部死去。伍子胥接着护着姬光驱车回朝。第二天，文武众将上朝一看，发现王宫一夜之间居然易主，伍子胥看到文武众将脸上颇有犹豫之色，于是义正词严地说道："皇叔季札拒绝王位，王位理应由王室嫡长继承，然姬僚败坏王室法统，横夺王位。今姬僚已被正法，王位应由宗孙姬光王子继承，不知诸位可有不同意见？"听到这儿，群臣自然没有什么可说的，纷纷赞同，于是姬光就顺利地夺取了王位。他就是吴王阖闾（hé lǘ）。

要离之勇

已继承王位的阖闾并没有因为姬僚的死，而完全放下心来。因为他仍对一个人心有余悸，这个人就是太子庆忌。庆忌本是太子，现在王位被夺，他自然对阖闾恨之入骨。庆忌也不是个简单的人物，他除了具有雄才伟略之外还武艺超群，据说他自幼习武，力量过人。

在一次打猎中，庆忌碰到了一只麋鹿和一只雌犀。据说，这两种动物都是平日难以猎到之物，因为鹿会腾云驾雾，雌犀是世上最凶狠的动物。围猎开始后，很多猎手见到雌犀、麋鹿都抖收弓，不敢围猎。庆忌却偏不信邪，他以迅雷不及掩耳之势，跳起来一脚踏在麋鹿身上，将它捆住，接着又赤手空拳手搏雌犀，终于把它擒获。庆忌有胆有识的行动，成了许多青年猎手的楷模，连邻国的不少猎人、力士都愿投靠在他的门下，以显示自己身份。

阖闾深知吴国现在国力空虚，原来能征善战的大将多为姬僚的亲信，因为现在是他坐了王位，这些人怕祸及自

己，所以大多都逃跑了。而庆忌前往郑卫时还亲率一万精兵，如果庆忌能说服郑卫联军伐吴，吴军的胜负是难以预料的。每每想到这个，阖闾心里便不舒服，所以阖闾的当务之急就是除掉庆忌。然而吴国现在国力空虚，大举兴兵是不可能的，剩下的办法只有一个，而且是已经使用过一次的那个——刺杀。

这次刺杀的人选来得要比专诸容易。他叫要离，是被离以前招募的忠义之士，也是刺杀姬僚时的勇士之一。要离身体枯瘦，聪颖机警，当被离约见要离时，还没有说出意图，要离就自荐替阖闾除去心腹之患。

◎要离：身材瘦小，仅五尺余，腰围一束，形容丑陋，有万人之勇，是当地有名的击剑能手。他足智多谋，平日以捕鱼为业，家住无锡鸿山（今无锡鸿山）山北。东有要潭河，西南角有要家墩，是要离捕鱼、晒网的地方。

阖闾瞅了一眼要离，颇有些不信地问："先生可有何良策？"要离说道："姬僚遇刺，庆忌现在已如惊弓之鸟，极难靠近，非苦肉之计不能取其信任。我假意冒犯大王，大王砍去我的一条臂膀，杀我妻儿。我逃离吴国投奔庆忌，取其信任，趁其不备一举刺杀。"听了要离的话，阖闾说道："苦肉计未尝不可，但不必砍你胳膊，况且你的妻儿也不能无辜受累。"

要离听了却淡然一笑说道："若不用此计，庆忌难除。我枉死事小，可惜再无机会可以接近庆忌了。一旦庆忌联合郑卫杀回吴国，那时不知有多少兵士要腿断臂折，不知有多少人家会横遭涂炭。今舍我一家之命，能避举国战乱，我死而无憾。"听了要离的一番话，阖闾站起身来慨然悲叹道："先生如此忠义，吴国兴旺指日可待。"接着几个人又仔细谋划了一番才分开。

到了第二日早朝，要离迟迟未到，阖闾见此心中不由疑虑起来。到了散朝之时，阖闾正要离开，只见要离醉醺醺地前来。阖闾见了大声呵斥，要离酒意未消，于是两人当着文武百官的面争吵了起来。要离突然提起阖闾弑君夺位之事，阖闾听了暴跳如雷，立刻喝令卫士将其拖出，砍掉左臂。卫士将要离拖出之后，没一会儿，便手捧一个托盘走了进来，盘内放着一只血淋淋的胳膊。众人看了不由大吃一惊，伍子胥忙率众相卿求情。可是宫门外，要离仍在大声怒骂。阖闾不听劝阻，将要离打入死牢，接着转身便回了后宫。

却说阖闾将要离问斩时，伍子胥暗中嘱咐狱头私放要离，让他逃脱，前往艾城而去。阖闾见跑了要离，便将其妻子腰斩于市。这时有庆忌的探子得知，连忙入卫报信，对他说吴国君臣反目，讨伐阖闾正是时机。庆忌听了兴奋不已，对天说道："苍天在上，我庆忌为父报仇终于有望了。"要离来到艾城，寻到庆忌住所。庆忌听了要离的诉说，见要离身材瘦小，貌不惊人，又断了一臂，心中早已戒心全无，于是对他说道："阖闾杀你妻子，断你一臂，你来找我，有什么用呢？"

要离说道："阖闾弑主篡位，逼得公子有国不能回，有家不能归，公子难道就不想报仇雪恨吗？"庆忌听了叹了口气说道："可是阖闾如今兵强马壮，士气正旺，更兼伍子胥

谋政，国中大治，我等兵微将寡，就是想报仇，又能对他怎样呢？"

要离见庆忌对阖闾有惧怕之意，于是上前趴在他耳朵边说道："伍子胥虽有谋略，可他投吴乃是为了报一己之仇。阖闾久不发兵征楚，伍子胥已是心生怨恨，才叫我在朝会上提及伐楚一事。阖闾不但不准，反而断我一臂，那日我在大街之上怒骂阖闾弑（shì）君篡位，被抓进大牢，是伍子胥买通狱头，将我私自放走，临走时，伍子胥曾对我说道：'我与阖闾谋位，不过是为报楚王杀父灭族之恨，可是如今阖闾得志，却说平王已死，不必与死人相争，不仅不与我报仇，还将你致残。如今你逃出虎口，见了公子，观其志向如何，如若公子肯为我等兴兵伐楚，我等便愿意做公子的内应，助他杀回吴国，以赎前罪。'公子不趁此时复国，待其王位坐稳，我与公子之仇就难报万一了。"

说着说着要离便哭了起来。庆忌听了仔细想了想说道："你说得很有道理，只要你我二人联手，不愁阖闾不灭。"要离见庆忌如此说，于是连忙含泪谢过。从此庆忌对要离深信不疑，并将其当做心腹，留在府中，谋划复仇。

此时要离虽然得到了庆忌的信任，可是却无法接近他，一时之间不能取庆忌性命，只得与他周旋，并等待时机。这一天，庆忌召要离一起吃早餐时说道："我等且去观看水军操练，如果训练有素，便可出兵与阖闾一战。"要离假意称赞说道："公子所言极是。"

于是二人前往江上军营，登舟观练。要离手持短剑，立在船头，庆忌则在船中与左右说话。

没多久，船到江心，只见大舰直行，小艇穿梭，兵士操戈，阵势多变，要离突然叫道："公子快来看，水军战阵神鬼莫测，相比吴军要强十倍。"要离接着说道："公子神威，此番回到吴国，咱们杀他个痛快。"

庆忌听了，连忙走上船头，来到要离身边站定，顺着他所说的方向去看水军操练。要离见庆忌靠着自己而立，并且毫无戒备，而他的侍卫正在船舱没有出来，心中一阵大喜，后退一步说道："公子请看那艘大舰。"庆忌盯着大舰，正要说话，没想到要离一剑刺入后背，直透前胸。

庆忌大吼一声："你敢杀我？"庆忌抖腕一甩，把他推在船头，慢慢后退两步，一跤跌坐在甲板上，看着要离。经过这一番动作，他胸口的血渍更浓了。左右听到声音一拥而上，扶住庆忌，惊惶地叫道："公子！"

这时庆忌竟豁然大笑说道："天下竟有如此勇士，敢来刺杀本公子。"侍卫们一拥而上，"当啷"几声，几柄吴钩已交叉压在要离颈上，锋刃紧贴着他细细的脖子，只要一动，便能切下他的头颅。要离并不惧怕，脸上反而露出一丝喜悦。庆忌说道："此天下真勇士，岂可一日之间，连杀天下两勇士？让他回吴，以表其忠。"接着他笑了一下，喟然叹道："要离啊要离，没想到如今我却死在你的手里。"

要离脸颊微微抽搐说道："我却早已想到了，我自断一臂，又搭上一家满门的性命，若还不能取信于你，要你性命，便是天也看不过眼去。"庆忌苦笑一声，点头道："不错，你使出这般苦肉计来，我如何不信你？"

说到这里，他突然双目一瞪，厉声喝道："你为显声

名，妻儿都舍得牺牲，我若将你比作畜生，便连畜生也羞于和你为伍！"说完，庆忌以手抽出胸口要离所刺之剑，接着血流如注而死。见庆忌身死，众侍卫对要离说道："你还不快滚？"然而此时要离却放声大哭起来，说道："老天爷啊，这是为何？虽有公子不杀之恩，我也绝不能偷生，你们还是杀了我吧。"

众侍卫听了奇怪地说道："如今公子饶你性命，为什么你却要我们杀了你？"要离哭着说道："我为取信于庆忌，请吴王杀我妻儿，焚尸扬灰，是为不仁。既已取信于庆忌，为其重用，却以下弑主，是为不义。如今大事已了，我这不仁不义之人还何必活在世上？"说完，要离跳入水中自杀。众侍从将他捞出说道："你杀了公子回到吴国，荣华富贵可立刻到手，你又何必如此轻生呢？"

要离淡然一笑道："我连自家性命都不在意，何况爵禄？我死之后，你们可将我和公子的尸身运回吴国，吴王必有重赏。"

说完，夺了侍从之剑自刎而亡。众侍卫看了也没有办法，只好收了二人的尸体来投吴王。阖闾见了大喜，重赏降卒，并以上卿之礼葬要离于专诸墓旁，追赠其妻子，与专诸同庙祭祀。又以公子之礼厚葬庆忌于姬僚墓侧。

阖闾除去心头大患，在伍子胥、胞弟夫概和太子夫差的辅佐下重图霸业，普招天下贤士，对有才之人不惜破格提拔。一时间国内上下同心，吴国生机焕发。

✴ 伍子胥奇遇孙长卿 ✴

阖闾虽然顺利登上了王位，并铲除了一切隐患，但由于吴国国力空虚，导致他向伍子胥所许的诺言一时无法兑现。现在楚平王虽然已死，但是费无极仍横行朝野，加上父兄尸骨未寒，且不知葬于何处，因此，伍子胥每想到这些便不由心中苦闷。

这一天下朝之后，伍子胥在家中如坐针毡，心里烦闷，于是便带了几名家丁骑马携弓去郊外打猎。伍子胥兴致不高，半天才打了只野鸡，众手下知道伍子胥此次外出打猎只是为了散心，所以只是在后面闷闷地跟着。也不知过了多久，伍子胥抬头向西边看去，只见夕阳西下，暮色苍茫，伍子胥心中索然无味，不知何去何从，只是任由自己的马儿带着他四处漫走。突然一个家丁兴奋地大叫起来，伍子胥顺着家丁手指的方向望去，只见一只洁白的仙鹤在夜色中缓缓飞动。

伍子胥迅即张弓搭箭，利箭刺破夜雾擦着仙鹤的翅膀掠过，可惜没有射中。伍子胥在一阵懊恼后，将弓一抛，扯下箭囊摔在地上，策马向仙鹤飞的方向飞驰而去。仙鹤继续向南飞，南面就是罗浮山。马踏上蜿蜒盘旋的山路直追而去，仙鹤并没有隐入山林，而是在伍子胥前面时隐时现。就在他追得性起时，突然仙鹤隐入山林中不见了。伍子胥伫立四处寻觅，这时他才觉察到在夜幕里树影摇摆，如波涛起伏，飒飒作响，接着一阵寒意袭来，伍子胥心里不觉有点后悔。

就在伍子胥茫然四面观望时，突然远远地看到一豆丁大小的灯光闪了出来。"这等深山里还有住户？"伍子胥心头一暖，摸索着向灯光处走去。只见一座小茅屋隐在树丛中，房前隐隐约约的还有一片开阔地。伍子胥走近茅屋，透过窗户望去。只见一个年轻人正坐在桌子旁边，时而蹙眉沉思，时而伏案疾书。在他的膝下，堆满了竹简。

伍子胥暗暗思忖了一下，就推门而入。那位年轻人似乎没有反应，伍子胥上前一步，那人猛一抬头，看到了伍子胥连忙起身，但他并未对这位不速之客深夜来访而面露惊异，反而笑了笑，平静地说道："伍大人请坐。"伍子胥听了不由一惊，问对方为何认识自己。那人微笑不语，伍子胥接着问道："还没请教先生……""齐人孙武。"年轻人答道。伍子胥听了微微一怔，目光落在案几上的竹简上。原来他早就听被离谈起过齐人孙武编修兵法且周游考证的事情，莫非眼前的这位就是被离说的那个孙武？

伍子胥边想边拿起一卷粗竹简翻看了一下，伍子胥身经百战，自然可以洞悉兵法精妙，因此手中的竹简看不多时就已令他手不释卷，细心品读起来。不知过了多久，伍子胥猛然抬头看去，却发现孙武正静静地看着自己。伍子胥把竹简放在桌子上，深深吸了一口气，又观察了一下眼前的这位名叫孙武的年轻人，接着就说出了要请他出山协助自己的话。对伍子胥的意图孙武洞若观火，虽然他本人隐居于山中，但是除了潜心精修兵法之外，对吴国的局势还是密切关注的。他深知飞鸟择良木而栖，良将选明主而侍的道理，但齐国的四族纷争，至今仍令他心有余悸。所以对伍子胥的请求，他以微微地摇头婉拒了。

伍子胥深感失望，就在这时，外面一阵嘈杂，原来家丁们也循着灯光急忙赶来，见到伍子胥正稳坐于屋中这才长长舒了一口气。伍子胥看了一眼这些好不容易才找到自己、已疲惫不堪的家丁们，接着又看了看孙武，说道："先生，今夜我们就多多讨扰了。"孙武笑了笑。

此刻已是深夜了，大家都饥肠辘辘，家丁们一阵忙乱，将猎获的野兔和野鸭收拾停当，借着屋外的炉灶烹炙起来。看到这，孙武搬出几坛清酒，在茅屋后的石桌椅旁，点起了火把与伍子胥围坐长谈起来。两人彼此心照不宣，不再谈及出山之事，而是说起天下大势。就这样一直谈到第二天东方将白，才依依惜别。

回到府中，伍子胥来不及休息，就赶往吴宫求见吴王，向吴王力荐孙武。他对吴王说道："此人周游列国，观万物机变，察历代兴衰，现正隐居于吴国罗浮山。其所著之兵法更是集古今谋略之大成，暗藏天地玄妙。这实在是天降英才于吴国。大王若得此奇人相助，日后一定可以使吴国称霸天下！"

阖闾听了伍子胥的话，不由脸露喜色，但是毕竟还没有见到本人，所以也是将信将疑，说道："这样的才俊岂能埋没？伍大人领我旨意，前去罗浮山请孙先生出山吧。"伍子胥听了，连忙领命前往，然而孙武听了他的来意之后依然谢绝说道："我深知吴王颇有进取之心，但大王请我出山是为解一时之急，还是真心用我？"听了孙武的话，伍子胥笑了笑说道："吴王素有图霸业之志，吴国初兴，广纳天下英

才，今因仰慕先生之才，这才派伍子胥拜请孙先生出山。"
孙武说道："既然如此，那为何不屈驾亲临，反而让伍先生
代劳？"听到这儿，伍子胥一时不知如何回答，知道自己再
说下去也没什么意思了，于是只得怏怏而归，回到宫中对阖
闾说孙武一心修缮兵书不愿出仕。

其实孙武是还想再观望一下吴王阖闾的态度。可是
伍子胥无法直接对阖闾说孙武让他亲自上山拜请。阖闾虽
然求贤若渴，但是要让他亲自拜请，他也是心存顾虑的。
毕竟自己是堂堂吴国国君，若孙武真是有将相之才，自己
亲自上山拜请也算是礼贤下士；若孙武只是徒有虚名，自
己如此兴师动众，日后岂不令天下人耻笑？两人彼此虽都
有意，却又顾虑重重，所以只弄得伍子胥夹在中间苦苦思
索，不知道如何才能使阖闾和孙武见面。

过了几日，伍子胥又前往罗浮山拜见孙武，这次他对邀
请孙武出山之事只字不提，只谈兵书，并细细研读了孙武的
兵法。下山之后，伍子胥凭记忆将孙武兵法的前两章抄在竹
简上进献给了阖闾。

阖闾细读之后不禁叹服道："简直是绝妙之极，书中
既有兵法又有兵道，若我军将士深谙此道即可运筹帷幄，
决胜千里！"听了阖闾的话，伍子胥及时说道："大王，
孙武所著兵法一共十三篇，此篇仅为开端，还没有涉及书
中精髓。"

阖闾的弟弟夫概在一旁冷笑了一下，对孙武的"小儿
把戏"嗤之以鼻。伍子胥看到了，视而不见，因为他关注的
是阖闾的反应。正如他所预料的，读完前两章兵法之后，阖

闾暗自佩服孙武，一直思虑伍子胥所言"精髓"之处，于是便萌生了亲自上山之意。阖闾命伍子胥引路，率领夫概和公子夫差以及三十名侍卫前往罗浮山，伍子胥心中暗喜。就这样，众人气喘吁吁到了孙武的茅屋处，却发现柴门紧闭。夫概扭断茅屋的门锁，只见屋内空无一人。阖闾满脸的不高兴，伍子胥则暗中责怪自己事前没有先联络孙武。见寻人不着，众人只得先到屋后的竹林中歇息等候。

接着阖闾命人四处打探孙武的行踪，可是一直等到日落西山，打探的侍卫陆续返回，也没有发现孙武的行踪，只是听到几个樵夫说孙武已在几日之前就不见了。阖闾眉头微蹙（cù），只好下令下山回宫了。

阖闾没有找到孙武不由得郁闷一夜，第二天早朝时突见楚国有大将投奔而来，于是连忙欣然接收，并授封伯嚭（pǐ）为大夫。伯嚭一路逃亡性命难保，现在突然升为大夫，不禁感激涕零，誓死效忠于吴王。伍子胥见阖闾如此任人唯贤，心头也不由得热流滚滚。只有夫概在一旁见阖闾屡次重用客卿，将吴国大权交付于他人之手，心中不由愤然不平。

下朝之后伍子胥得到消息：孙武已回到罗浮山。伍子胥家也不回就亲自前去，到了那，只见孙武面色疲惫，正在整修兵法。当他得知阖闾曾亲自上山拜请之后却微笑不语，继续整理散乱的兵书，对这几天的行踪也避而不答。原来，孙武这几日只身前往铸剑岭，拜望了一位旷世奇人，此人正是铸剑名家欧冶子。专诸刺僚所用的鱼肠剑，阖闾随身所配的磐郢（pán yǐng）剑和阖闾藏于密室的湛泸剑都是出自欧冶子之手。当然，孙武现在还不便向伍子胥谈起。第二天，阖闾得到消息后就和伍子胥再次上山拜请，这次孙武早就在茅屋里静静等候了。

见到了孙武，阖闾说道："孙先生，在山中修缮兵书受累了。今先生既有经天纬地之才，何不下山与伍大人一起协助于本王。"孙武听了说道："孙武一介草民，劳驾大王亲入深山，实不敢当，唯恐误人误国。"

阖闾笑了笑说道："先生过谦了，今日之前先生在竹简上练兵，今日之后，吴国千万名将士我愿交于先生之手。"听到这孙武一阵感动，转身从桌子下捧出一个包袱，郑重地递向阖闾，阖闾亲手接到怀里。从此，精彩的战事开始演绎了。

✳ 谈兵论道夫概难孙武 ✳

阖闾和孙武一并回宫，为了显示自己是诚意邀请孙武的，阖闾与孙武同乘銮驾。而且为庆贺孙武出山协助兴吴，阖闾当晚又大设酒宴，并让美姬歌舞助兴。酒过三巡、菜过五味之后，阖闾颇有些兴奋地对孙武说道："自登大位以后，本王日夜思念执掌中原霸权，而广求贤明之士。今日得到先生真可谓是如鱼得水，足慰平生也。"

酒宴上阖闾对孙武的大加赞赏，使旁边的夫概很不满意。在他眼中，伍子胥和伯嚭都是亡命之臣，走投无路才投奔吴国的。孙武充其量只是个摇唇鼓舌的江湖术士，还劳驾阖闾两度上山拜请，并将重权高位都交到这些外人手中。因

此喝了半天闷酒的他越想越气恼，于是趁着酒意转向孙武说道："先生的兵法如此神乎其神，不会只是夸夸其谈吧？大丈夫建功立业，靠的是金戈铁马与拔城夺寨，而不是靠鼓动唇舌，摇动笔杆。"

听到夫概的话，孙武淡然一笑，接着说道："称霸中原要靠强兵猛将，但不能忽视兵法。将士为军之肢体，兵法为军之魂魄。谈论兵法不顾兵将是空谈；重兵将而无视兵法，则是匹夫之勇。"

"哦？那你认为我是匹夫之勇了？"夫概猛地站起，抽出腰间的宝剑直指孙武说道，"你用你的兵法，我用我的匹夫之勇，看看今天到底是谁命丧于吴宫之中？"看到这里众人顿时大惊，鼓乐笙箫也乱了音调。

阖闾心里十分不高兴，低声喝道："王弟，不得无礼！今天为孙先生接风，文武众将都来助兴，天下精英齐聚一堂，乃是我吴国兴旺之兆，岂能无端招致血光之灾！"夫概听了只好丢下宝剑，愤然甩袍而坐，接着说道："不用刀剑也可以，那如何证明你的兵法胜过刀剑？怎么才能不枉将军之名？"席下文武众将听了此话，都将目光集中在孙武身上。伍子胥正要开口阻拦夫概，孙武用手制止了他。面对夫概的挑衅，孙武毫无惧色，说道："这将军之名是大王所封，如果大王感觉我不能胜任可随时收回。至于如何证明，请给我孙武一千人马，我保准在五日内训练出一队精兵强将。"

夫概听了哈哈大笑，说道："要练兵也可以，但不用营中兵卒，换个方式你可敢答应？"孙武说道："大人尽管说。"夫概用手一指躲在柱后的美姬，"你可能将这些娇弱女子练成冲锋陷阵的勇士吗？如能，方显出你的兵法的神乎其神。"

众人先是一惊，继而哈哈大笑，以为是夫概酒后戏言。然而，就在大家以为这只是一个玩笑时，夫概猛地收住笑容说道："敢吗？"看到夫概脸色阴沉下来不像随口戏说，孙武脸上的笑容也凝固了，说道："大人，练兵岂能当做儿戏，还是让孙武带兵上阵，那时一试便知。"

"我看是你怕了吧？"夫概嘲笑道。孙武看看阖闾，阖闾也深知胞弟脾气执拗，自己是无法阻拦的。况且他虽然暗自敬佩孙武的竹简所书篇章，但同时也希望能看看孙武如何在校军场演练兵法。不然孙武在朝中难立威望，更不用说统领全军了。所以阖闾点了点头。孙武叹息一声说道："那就依大人所言。不知大人想让孙武在何时、何地演练兵法？"

"就在新筑都城的点将台。至于人选……"夫概看了一眼阖闾。见孙武答应以美姬演练兵法，阖闾也觉有趣，接着说道："从后宫挑出两百人明日由孙先生带领即可。"

听了吴王阖闾的话，孙武说道："谢大王。不过宫女毕竟不是男卒，发号施令多有不便，加之我仓促练兵，实在难以做到知己知彼。烦请大王指定一正一副两名队长，此二人需德高位重，既可以身示范，又可协助演练。""好。"阖闾回答说，"孤叫两名爱妃当队长，不知先生以为如何？"孙武说："大王肯派二妃任队长，足见对此番练兵之重视。不过……"说到这孙武犹豫了一下，接着说道，"不管是宫女，还是宫妃，臣将一视同仁，若有犯规，一律按军法行

事。不知大王可有异议？"阖闾这个时候只顾要看孙武如何操练女兵，所以无论孙武说出什么要求他都答应，因此说道："先生放心，一切皆听先生安排。"

为什么这次阖闾会舍得让两位爱妃出来当队长呢？原来他最宠爱的夏妃和姜妃，曾向他埋怨整日闷在宫里，不能随便出去，简直就要窒息而死了。阖闾想借此机会让她们到宫外去散散心。回到后宫后，阖闾将夏妃和姜妃叫来，仔细叮嘱了一番。这两个人听说叫她们当队长，而且还要操练女兵，自然高兴得眉开眼笑，手舞足蹈。

✳ 孙武受命练女兵 ✳

孙武要操练女兵的消息，在姑苏城内外迅速传扬开了。这天一大早，百姓们就如同潮水般从四面八方涌向军校场。到了辰牌时分，四面已经围得水泄不通了。又过了半个时辰，三百名宫女列队来到小校场。她们一色崭新的戎装，外面罩掩心甲，排成两队，一队手里拿刀，一队手里持枪，另一只手则都拿着一块盾牌。领首的左、右姬两位队长，全身甲盔，腰间佩剑，充做将官。宫女们周身各处的穿着与士兵无异，只是头上一律不戴军帽。在她们的后边，是主将孙武。其余的如执法官、牙将、卫士、刀斧手等人跟随其后。

队伍来到小校场，众宫女立定，分立两边。卫士伺候孙武下马，列帐。孙武亲自区画绳墨，布成阵势，命传谕官将两面黄旗分授二妃，以便执之为前导。鼓手把战鼓架好，把

鼓槌举得高高的，准备随时奉命敲击。一切准备停当，就等吴王登上望云台，立即开练。

看到这儿，宫女们一个个笑个不止，有的抿嘴偷笑，有的仰脸大笑，有的弯腰笑，有的哈哈大笑。她们为什么这样爱笑？一则是因为她们久困宫中，不见世面，今日突然出来了，什么事都觉得新鲜，心里格外高兴；二则看看自己的装束、打扮——身着戎装，手拿盾牌刀枪，脸上却涂着脂粉，头上插着钗环，岂不滑稽可笑！

见到这种情形，孙武也不制止。因为她们难得出宫一次，心里高兴，就让她们笑吧，只要开练后不笑就行。吴王阖闾和他的一些心腹大臣，还有伍子胥，相继登上了望云台。吴王先入座，在案首设了座椅，让伍子胥坐下，其余文武侍立两旁，内侍来回侍候。吴王抬头望望小校场的宫女，不由得在心中叫好。尤其是两位爱妃，分别立于队首，英俊威武，似乎比平时更加美丽、俊俏了。

孙武见吴王及文武众官已经就位，于是开始准备操练。他清清嗓子，一方面给宫女们发个信号，警告她们立即敛笑，一面严肃地高声宣道："军纪、军规已申明多次，今吴王及文武百官，还有众多百姓都来观看，尔等不仅要执行不苟，且需倍加警惕，严格约束。为防松懈，我今再次晓谕：众女兵跟在队长之后，五人为伍，十人为纵……"说完后，孙武看了看她们又强调道，"军中无戏言，违者军法严惩！"孙武宣布完毕归位，传令官将大红"令"字旗舞了一阵之后，把孙武刚说过的话又重申了一遍，申述完侍立于孙武侧旁。

孙武吩咐"击鼓"，鼓槌雨点似的落在战鼓上。按规定，听一通鼓时，队伍应该是"对面排列"，即两队人面对面地分成几排，当中留一段空地方，每排人都应该站得整整齐齐。可是眼前的这些宫女，听到鼓响，惊弓之鸟似的乱跑，有的东，有的西，有的左，有的右，乱成了一窝蜂。且"姐姐妹妹"地乱喊乱叫。再看那队伍，松松垮垮，七扭八歪，像蜿蜒爬行的长蛇。孙武看见了叹了一声，对传令官说道："今日操练，乃是初次，约束不明，申令不信，罪在主将。你把军规重申一遍。"

孙武这话虽是对传令官一人说的，但在场的人全都听得清清楚楚。传令官奉命，重申军规之后，孙武竖起了两根指头，再次命"击鼓"。这击的是二通鼓，即布阵，进入战斗状态，需快步疾进。可是，宫女们有的极力想将队伍站整齐，有的听到鼓声拔腿便跑，有的等站齐队再跑。于是，跑的跑，站的站，后边跑得快的踩掉了前边跑得慢的人的鞋，掉鞋的弯腰提鞋子，后边的人又收不住脚，把提鞋者一撞，同时跌倒在地上。四周的百姓看到了，有的拍巴掌，有的喝倒彩，有的幸灾乐祸。见队伍一塌糊涂，孙武夺过鼓槌，放大嗓门，一丝不苟地将军规又一字一顿地重复了一遍。告诉大家，他要亲自擂鼓，从一通鼓编队开始重新操练。

孙武手中的鼓槌重重地落到了战鼓上，战鼓发出了沉闷的响声。宫女们听到鼓响，绝大部分还算不错，队伍排得基本整齐。听到第二通鼓响，宫女们就跑不动了，因为她们先前笑得有点过分，早没了力气。这次孙武明白了，并非宫女们不畏军规，不怕军法严惩，而是二妃起了很坏的作用，

她们不仅自己放肆地大笑，还故意引逗其他宫女们笑，把孙武的军令当做耳旁风，她俩认为军纪再严，也严不到她们头上，即使自己违犯了军纪，主将也奈何不了她们。

孙武忍无可忍，转身归位，大喝一声："执法官何在？"执法官回答一声，挺身而出。孙武说道："军队中如有不守军令者，按军法应该如何处置？"执法官答道："斩首示众。"孙武断然喝道："来人哪！将左右两军队长拖出去斩首示众！"宫女们一听"斩首示众"，个个吓得脸色铁青，二妃更是吓得浑身瘫软，面如死灰。卫士们冲上前去，捉小鸡似的将二妃架到孙武面前，两个刀斧手手提大刀走了过来。校场上的情形，坐在望云台上的阖闾看得一清二楚，他急忙将伯嚭叫来说道："此二人乃本王之爱妃，如果没了她们，本王食不甘味，寝不安枕，爱卿速去宣旨意，特赦二妃死罪！"

伯嚭听了快马下山，来到小校场，传吴王赦令。孙武听了说道："军中无戏言。臣已受命为将，将在军，虽有君命不得受。"说完喝令卫士"速斩二妃"，枭其首于军前。两个妃子被枭首示众，整个校军场上的人都惊呆了，宫女们更是吓得魂飞魄散，兵丁们木雕泥塑一样，百姓则是目瞪口呆，偌大的校军场顿时鸦雀无声。孙武说道："各队准备，重新开练。"

一声令下，宫女们不等击鼓，就慌忙排队看齐。一个个将耳朵竖得老高，唯恐听不见鼓声。一通鼓响，两队宫女迅速排列，相对而立，既快且齐。二通鼓响，两队宫女各自持盾操刃，快速疾进，左旋右转，变幻无穷，如同沙场冲锋陷

阵一般。三通鼓响，两队宫女相互拼搏砍杀，刀来枪往，龙腾虎跃，十分精彩激烈。莫看这都是些女流之辈，像这样的军队，真正打起仗来，前面纵有刀山剑树，她们也会奋不顾身地冲上前去。过了一会儿，孙武命"收兵"，顿时，金声飞扬，两队宫女各自收回兵刃，列队转身，前进数步，立于孙武面前，仪仗一般。四周观看的百姓都为她们鼓掌喝彩，响彻云天。

　　再说望云台上阖闾见求情无效，孙武不肯赦二妃，并将她们斩首示众，不由气炸了心肺，但是碍于众人在场，一腔怒火不便发作，只是浑身颤抖，目光僵直，似痴若呆地坐在那儿一动不动。过了一会儿才拂袖而去。大王一走，在场的文武百官也不好再停留，只好各自回府。伍子胥知道阖闾正生气，不宜多说什么，只好暂且回公馆等待吴王处置。

第三章

助吴称霸

✹ 吴王葬女 ✹

　　吴王阖闾回到后宫后，茶饭不思，好似经霜的枯草，精神萎靡不振，心中产生了遣返孙武离去的意思。到了第二天，阖闾因为心情不好就让内侍上殿传谕：今日免朝，文武各散。辰时过后，伍子胥进宫请安，阖闾看到他来了，不由得将气都发在了他的身上，冷笑着对他说道："伍将军可为本王推荐了一位好将军呀。"伍子胥听了这话有点别扭，可又不知道如何回答，只得站在那里默然不语。见伍子胥不说话，阖闾更加生气了，于是说道："本王的两位爱妃就让你给这位大将军做了'见面礼'了，伍将军，你说这件事本王怎么处理呢？"

　　伍子胥深知阖闾还在思念他的两位妃子，才这般怨气冲天。方才未开口，是见他火气正旺，不能火上浇油，等他将气发泄完了，才脸上露出几分笑意说道："依大王之意，应当对孙武如何处置呢？莫非是想让他走？"伍子胥故作试探地问。"正是此意。"阖闾强压着心中的怒火说道："免得将来有一天，我的脑袋也被他'军法从事'了。"伍子胥接着说道："听大王之言，莫非是孙武将两个队长杀错了？"听了伍子胥的话，阖闾不由显得吞吞吐吐起来："这个……孤家并无此意。"伍子胥追问道："既然没有杀错，大王为何要迁怒于孙武呢？"

　　阖闾理直气壮地说："寡人求情，他竟不肯赦免二妃一死，太目无君王了。"伍子胥听了凛然说道："大王欲征楚

而霸天下，日夜思得良将，今孙武果断刚毅，铁面无私，不徇情枉法，斩有罪二妃，为何要将他遣走？大王呀，良将难求，美色易得，若因二妃而弃一贤将，无异于爱莠草而弃嘉禾！那以后天下贤良谁还会来？"

听到这儿，阖闾不由半天默然不语，毕竟他是一位欲干一番事业的有为之君。看到这伍子胥接着说道："昔日姜尚在殷不被重用，用于周而周得天下；百里奚在虞不被重用，用于秦而穆公称霸……前事可鉴，望大王详察！"经过一番沉思，阖闾终于转过弯来，下定了决心，征求伍子胥的意见道："那依伍爱卿之见……"不等阖闾把话说完，伍子胥答道："嘉勉孙武治军谨严，执法如山，登台拜其为大将，统率三军，共谋大业。"

听到这里，阖闾忙命人为孙武建公馆帅府，铸帅印，在望云山上筑将墩，在校场山上盖演武厅，择吉期。吉日择定后，提前一天就派人送信给孙武，再派人约文武百官。调兵丁，传内侍，把一切都准备妥当。

第三天早上，各营各队的兵丁齐集小校场，日出卯时，吴王阖闾来到校场，他的前面是四个内侍——一个捧印，一个捧剑，一个捧兵符，一个捧文武诸官的点名册，后边是文武百官，另外还有吹鼓手、执事等人，卫士两列保护。到了将墩下，众人下马，拾级而上。接着孙武也到了，后边跟着随行人员，拾级而上，登坛入门。厅内陈列祭器，不多时，鼓乐齐鸣，阖闾跟孙武互行大礼。行过礼后，阖闾坐上首案角，孙武坐下首案角，众文武上前道喜，然后各自回班。孙武展开点名册点卯，把主要文武官员认识了一下，然后兵丁各自回到原处。阖闾带领文武百官送元帅回府，内侍把兵符、印、剑随同送往元帅府。阖闾回宫，文武各散。

回到皇宫后，颇有些疲倦的阖闾一时心血来潮，与皇后、公主一起蒸鱼尽享天伦之乐。就在这时，伍子胥突然拜见。吴王阖闾见美味已蒸好，也不知伍子胥突然拜见自己有什么公事，就先把蒸好的鱼品尝了一半，然后把剩下的一半顺手递给了自己的宝贝女儿滕玉，站起来就走。谁知这一下引起了大乱子，滕玉大怒说道："怎么？你先只顾自己动嘴吃了？把剩鱼给我，岂不是对我最大的侮辱？算了，我不活了！"说着一边哭，一边向自己房间跑去。

阖闾以为滕玉只是一时闹性子，也没有特别在意，简单安慰了几句就离开了。谁知阖闾来到议事厅与伍子胥正在讨论国事时，突然王后哭着跑过来说滕玉公主上吊自杀了。

阖闾吓了一跳，顾不得伍子胥就向后宫跑去，到那一看，爱女滕玉果然已上吊自杀身亡。阖闾不由得一阵心痛，忙召太医，可是早已经晚了。阖闾一边后悔自己贪吃，一边唉声叹气。由于只有这一个女儿，而且又因为自己而死，阖闾心疼之余也只得厚葬爱女，以示关爱了。

滕玉的葬礼非常隆重，陪葬品有玉杯金樽、珠宝绸缎，同时还有一把名剑——盘郢，是越国敬献的。在送葬的队伍里最吸引人的是"白鹤舞"。这是数百人表演的大型"团体操"，每人手持一只超大的白鹤，这白鹤用竹子做骨架，白绢做身子和翅膀，人拉动牵线就翩翩起舞，象征死者的

◎盘郢：古代名剑名。《吴越春秋》中记载，越王允常，聘欧冶子作名剑五枚，一个是纯钩，一个是湛卢，一个是盘郢，一个是鱼肠，一个是巨阙。

灵魂升天。送葬队伍刻意在街上多停留和表演了一段时间，并没有驱赶百姓的意思，似乎很欢迎百姓加入送葬队伍。百姓向来喜欢看热闹，因此围观的人越来越多，共有上万人。

"白鹤队"边舞边向公主的墓地走去。百姓很想看看下面还有什么节目，就推拥着一块往墓穴走。看热闹的百姓被引入唯一的通道中，忽然出现大队的士兵将他们往墓室里赶，一些人站立不稳，被推拥到墓室里。等进得差不多了，墓室的大石门从上面"刷"地落下，将送葬队伍和看热闹的百姓关在里面。就这样，成千上万的人都给滕玉公主当人殉了。城中几乎家家都有失去亲人的，全城的每个角落都有人大声痛哭。

❋ 孙武初上任 ❋

　　自从孙武被拜为大将军之后，迟迟不提兴兵伐楚之事。吴王和伍子胥有些按捺不住了，再三询问催促于他，孙武却只笑而不答，弄得两人不知道他闷葫芦里卖的是什么药。但是，人们却发现孙武整日行色匆匆，这儿走走，那儿转转，显得十分忙碌的样子。那些到帅府拜访的王公大臣们极少有缘与他相会。

　　这一天，阖闾召见孙武，两人谈了一会儿，阖闾又将话题转到了何时兴师伐楚这件事情上。孙武只是微微一笑，依旧不答，并且在各宫各殿游览观光起来。吴王的行宫有许多处，但凡是吴国风光秀丽之地，都有他的行宫。孙武与阖闾来到一宫，步入一殿，就在阖闾十分疑惑地看着孙武时，只见孙武突然以铜棒击殿柱，敲击所发出的声音清脆响亮，木梆子一般，听起来只觉里面空空的。再敲击门窗，也是如此。这时恰巧一阵大风袭来，整个大殿发出吱吱声，一副摇摇欲坠的模样。阖闾被孙武的举动弄得莫名其妙，不知他打算做什么，一脸的纳闷。这时孙武才说了一句："这殿堂的栋、梁，早已被蛀虫所蛀，不久它就将倾覆。似这样朝不保夕的殿堂，已经不能再用了。"

　　听了他的话，阖闾一脸丈二和尚摸不着头脑的样子看着他。孙武接着说道："拆了重建，不失为良策，但是新殿建成，蛀虫仍在，岂不是又重将其蛀空？因此，治标不如治本，清除和消灭蛀虫，才是最根本的措施呀。"孙武的这句

话使阖闾深深沉思起来，他似乎已经觉察出了孙武的用意。就这样，两人奔波一天，傍晚回到王宫。应阖闾之求，就一天来自己的所思所得，孙武直言不讳地说出了自己的见解。

吴国的政治肌体，就像那满地木屑的殿堂一样，无处不遭蛀虫所蛀，有的地方甚至空空如也，随时都有坍塌的危险。这蛀虫不是别的，正是各处的贪官污吏。有这样的官吏掌权当政，休想能办成一件事。腐败的风气弄得民怨沸腾，长此下去，政权必岌岌可危，哪里还有条件兴师伐楚！

孙武一针见血地指出，吴国的官场之所以如此，正是"上梁不正"所致，即是阖闾无道的必然结果。阖闾闻听此言，不觉有些尴尬。他不明白，孙武何出此言，自己纵有千错万错，也不至于成为一个无道昏君，孙武的话让他难以接受。他有些不高兴地在殿内走来走去。不知走了多久，他实在是忍无可忍了，突然站住，转身来到孙武面前，面带愠色地指责道："将军何出此言，本王不懂，还请将军一一明说。"孙武说道："莫非大王已忘了舞鹤于市，杀生送死之葬吗？"阖闾一听此言，一时之间说不出话了，脸上很快现出后悔莫及的神情。这时，黄昏笼罩了整个吴宫，阖闾此时的心境就像似这暮色一样灰暗。一个内侍走了进来，点燃了桌子上的蜡烛，烛光闪耀，殿内一片通明。过了好一会儿，阖闾痛心疾首地说："杀生送死，实在是本王的罪过，然而木已成舟，不知将军有何良策，能赎本王之罪，恳请示教！"

听了吴王阖闾的话，孙武叹了口气说道："死者已死，不能生还，只能对生者有个交代就行了。一、颁诏全国，承认过失；二、重金抚恤殉葬男女之父母，以表痛悔之诚。"

"这……"听了孙武的话，阖闾沉默不语起来，在大厅里来回走动。经过一番思想斗争之后，阖闾对孙武说道："本王答应你。"见阖闾如此之诚恳，孙武感动地说："大王若能如此，吴国何愁不兴，楚国何愁不灭呀。"

将这件事情做好之后，经过孙武的提议和请求，阖闾支持孙武微服私访，视察各处官吏的政绩及违法乱纪的罪行，体恤民情，然后制定措施，惩治腐败。从此，孙武的足迹又一次遍及吴地的山山水水。

却说吴淞江每年都有水患，每到汛期就会江水泛滥，毁田园，淹庄禾，当地民众苦不堪言。地方官长叫张华，他无恶不作，不带领沿江百姓疏通河道，修筑堤防，消除水患，反而说这是因为江中有水怪兴风作浪所致，并编造荒诞无稽的故事：说水怪乃是一母的，因没有儿子而烦恼，所以整日兴风作浪。为宽慰水怪思子之心，张华规定每年选一个一到三岁的标致男孩，送与水怪当儿子，这样就可以平息水患了。

就这样，每年岁初，张华就派衙役遍访吴中千家万户，发现有看中的三岁男孩，就连同其父母一起捉来邑衙候选，每日给他们好吃好喝的，好将孩子们养得白胖。到了三月三日，也就是吴淞江畔送子的良辰吉日那一天，全邑男女百姓集于江边，举行隆重的送子仪式。先有专人给选中的孩子沐浴更衣，将其打扮一新。等到了时间，就将孩子盛于一个大大的木盆中，顺江漂流，直到被风浪吞没。送子的现场鼓乐喧天，送子的人们载歌载舞，孩子的父母、亲人则哭得死去

活来。而这些送子仪式所需要的费用，自然是从民间征敛。用一文的，他们征十文，而这些银两又大部分落于张华的腰包，张华因此大发横财，富得流油。

孙武知道这件事情之后便想了一个办法，当这里又要举行送子仪式时，孙武突然来到这里，张华看到那位敢于在军校场斩杀皇妃的大将军孙武来了，不由得一阵慌乱。孙武来到张华的面前，故意问他在做什么，张华连忙回答说是为了安慰水怪，平息水患而举行的仪式。孙武听了先是以为国分忧，为民消难而对张华大为赞赏了一番，接着走上前看了看张华为水怪挑选的孩童，说："此等童子，水怪岂可满意？我看这样吧，不如烦劳大人亲自前去水府，与水怪商议一下，就说为了表示对他的尊重，吴国新任将军孙武将亲自为他挑选童子，请他暂且忍耐一两天。"说完不由张华分辩，就让士兵将他扔进了江里。

过了好一会儿，见江上没了什么动静，孙武又对一旁穿戴怪模怪样的巫婆神棍说道："张大人为什么还没有回来？是不是被水怪留了下来？你们几个也下去问一下吧！"说道就命令手下士兵动手。听了他的话，吓得这些刚才还摇头晃脑、神气活现的巫婆神棍不由变了脸，连忙跪在地上求饶。看到这里，孙武让他们供出自己的罪行，然后将他们所得钱财分给那些失去孩子的父母。

就这样，对那些贪官污吏们，阊间捉一批，关一批，流放一批，杀一批。罪大恶极者，或枭首示众，或交百姓乱棍打死，以泄民愤。经过孙武半年的治理与整顿，吴国发生了变化。万民称快，举国肃然，吴国从此上下一心。

孙武巧计破联盟

为了早日提高吴国的综合国力，孙武事必躬亲，日夜操劳。就在吴国以日新月异的速度发生变化时，此时楚国也发生了很大的变化——费无极死了。费无极死了，这是伍子胥最想看到的；但死在别人之手，又是伍子胥最不愿看到的。

事情是这样的，囊瓦在费无极的蛊惑之下怒气冲冲地领旨捉拿伯郤宛。伯郤宛自刎以示清白，全家也遭灭门之灾。囊瓦自以为捉拿了叛臣，扬扬自得。数日之后的一个夜晚，囊瓦酒后登上花园里的凉阁散心，习习凉风吹得囊瓦一阵舒服，就在他闭目养神之时，突然听到有小孩子的声音，睁开眼望去，只见几个门子带进一个十二三岁的小孩。那小孩刚开始不肯进门，不过后来却被推了进来。囊瓦感到很奇怪，便对那几个门子说道："你们几个抓个孩子做什么？"其中一个稍微胖点的门子说道："回大人，这个小孩在大街上骂您呢！"囊瓦愣了一下，然后走了过去，蹲下来抚摸着小孩的头道："你骂我了吗？"那小孩歪着头道："你是谁？"微胖点的门子大声喝道："这就是令尹大人，见了大人还不快点跪下。"囊瓦用手止住了门子，然后对小孩问道："你为什么要骂我？"那小孩委屈道："我没骂你，是他们说我在骂你。""噢，是吗？"听了小孩的话囊瓦笑了笑，并抬头看了一眼门子。小孩子见眼前这个老头比刚才抓自己的人要和气得多，心里也就不怕了，于是接着说道："刚才我在与别人玩，只不过唱了一首歌，他们就将我抓了过来。"

囊瓦听了说道："什么歌？你可以重新再唱一下吗？如果唱得好我就让他们将你放了。"一听说可以放自己走，小男孩一阵高兴，说道："真的？"囊瓦说道："当然是真的，本令尹岂会骗一个孩子。"听到这里，那小孩就清了清嗓子唱道："费太师，欺大王，害忠良；鄢将师，是狗腿，作福威；令尹是个大笨蛋，被人卖了还数钱。"

囊瓦听了，脸不由得红了起来，挥手叫门子将小孩放了。接着又向他们说道："你们在外面还听到什么议论了吗？"门子说道："别的倒没有听到什么，只是市面上人人都说左尹太冤，恐怕神鬼不佑。近日传言有神托梦说伯郤宛无罪被杀，上天让他做了郢都土神，受家家供奉。" 听了这话囊瓦正要细问，突然有人报子西、子期来访。囊瓦将他俩迎入客厅就座后说道："不知二位大人光临敝府有何见教？"子西闷闷地说道："令尹有所不知，自伯郤宛死后，民众议论纷纷，都说令尹处事不公。此事虽是费太师所为，但是令尹却代人受过了。"

听了子西的话，囊瓦不由有几分相信起来，说道："当时本官误信太师之言，陷我于不义。"正说着，子期说道："下官正是来告诉大人的，下官刚从郊外经过，听到在那里祭神的人都在诅咒令尹，说令尹听信费太师谗言，总有一天是要毁了楚国的。" 囊瓦听了，耳根发麻说道："你们都是朝廷重臣，究竟有何看法？"

子西说道："费无极教先王娶媳，致太子建死于国外，接着又冤杀伍奢父子，逼走伍子胥为吴作伥，今又无故冤杀

左尹。百姓怨恨此人，恨不能食其肉，寝其皮。百姓都说令尹纵其为恶，怨声载道。以下官愚见，与其信谗以自危，不如除谗以自安。"一席话说得囊瓦坐立不安。子期接着说道："我等今天来劝令尹，请令尹当以国事为重，以保自身清誉为重，再振朝纲呀。"

囊瓦听了谢道："多谢两位大人提醒，不然，险些误了国家大事。"子西道："只要大人吩咐，下官愿提兵前去将此贼捉拿归案。只是还有一个建议，望各位大人斟酌。"囊瓦说道："大人有何妙计？"子西说道："下官是想如果将此二人抓到，不必送大王处请命，最好是百姓起而诛之，免得大王为难。"囊瓦说道："若能如此，当然最好。"众人又说了一会，就各自回府了。

当晚，囊瓦探得费无极正在家中，于是便率禁卫三百人，入太师府中将费无极抓住，押往天牢。此时城中百姓闻言捉拿费无极，纷纷出门助阵，见费无极被绑，立时有数十人一拥而上，刀剑并举，将他杀死于大街之上。

囊瓦前往捉费无极时，叫部将对百姓说道："杀左尹者，乃费无极所为，今囊瓦奉旨捉拿反贼，全城百姓愿助战者有赏；杀死反贼立为大功。"众百姓早对费无极恨之入骨，哪里还希求什么奖赏，听说囊瓦奉旨捉拿费无极，于是踊跃上前。接着囊瓦下令尽灭其宗党，火烧其家。城中百姓听说了，就跑过去一把火将费府化为灰烬。囊瓦这才入宫奏明昭王，昭王平日里也觉得费无极尾大不掉，难以驾驭，巴不得借机除掉他，见事已至此，也就不说什么了。

囊瓦除了费无极之后，见城中对他的谤咒没有了，心中很是高兴，这日早朝，囊瓦上言昭王道："自费无极被除，国泰民安，连吴兵听说我国君臣一体，也好久未来侵犯了。"昭王说道："令尹忠心为国，才有今日气象，本王赐你上将军称号，军政大事均由你裁决。"囊瓦谢过，站立班首，面带微笑，洋洋自得。

囊瓦杀死费无极后，加上位居令尹，成为众卿之首，更是获得了楚昭王的进一步宠信。但此时的囊瓦不仅取代了费无极的宠信，同时也继承了费无极的奸诈和狂妄，沈尹戌和申包胥见状在后悔之余，也只能暗自叹息。

这些在风雨飘摇的郢都所发生的朝臣更迭，远在千里之外的孙武也敏锐地觉察到了。当时吴国正处于楚越联盟的威胁之下，楚越联手是阖闾最为焦虑的，因为那样将会使吴国腹背受敌。而囊瓦备受楚昭王的宠信，楚国的朝廷支柱从此开始朽烂，大厦将倾，这在孙武眼里是个千载难逢的好机会，他想到了自己当初详尽考察的鸡父之战。

◎鸡父之战：爆发于周敬王元年（公元前519年）夏，它是吴、楚两国为争霸江淮流域而在楚地鸡父（今河南固始东南）进行的一次重要战争。在这场会战中，吴军实施正确的作战方法，巧妙选择作战地点和时间，出奇制胜，大破楚军，从而逐渐夺取了吴楚战争的主动权。

当初，吴楚为争霸江淮连年纷战，两国在楚地的鸡父展开会战。吴军出其不意，选择兵家所忌讳的"晦日"果断出击，接着又利用离间计诱敌深入，使得楚军惨遭伏击。败退之时，囊瓦派人到越国借兵。越王允常见吴国风头渐劲，而

◎晦日：晦日指阴历每月的最后一天，即大月三十日，小月二十九日。正月晦日作为一年的第一晦日即"初晦"，在过去很受古人的重视。

楚国已成败势，于是便按兵不动。结果楚国大败。从此以后，楚国便对越国心生不满，尤其是囊瓦最为明显，他对越国的见死不救怀恨在心。这小小的嫌隙也让孙武不失时机地捕捉到了。

不出几日，吴国向越国派出使臣。越王允常对吴国使臣的到来感到有些莫名其妙，但又不能怠慢，于是对其盛情款待了一番。吴国使臣在越国休息玩乐，也不提此次为何事前来。越国大夫文种奉命前来询问吴国出使楚国所为何事，使臣答复得很简单，一句话：只是前来问候一下越王。第二日就辞别回国了。又过了几日，吴国又派出一批使臣前往越国。同样，只是问候拜

◎文种：(？—前472年)，字会、少禽，又作子禽，春秋末期楚之郢(今湖北江陵附近)人，后定居越国。春秋末期著名的谋略家。越王勾践的谋臣，和范蠡一起帮助勾践打败吴王夫差而立下赫赫功劳。灭吴后，自觉功高，不听范蠡劝告继续留下为臣，最后被勾践所不容，赐剑自刎而死。

望。如此几次三番之后，接着吴国传出谣言，说越国派出使臣回访吴国，企图挑拨吴楚两国再起战事。谣言中还说阖闾一怒之下将越国派出的使臣斩杀，曝尸街头。果然，吴国中有几名越人横尸闹市。其实，这几个"使臣"的真正身份也只有孙武和阖闾知道，他们只是几个月前在吴越边界寻衅被囚禁的越国兵士。

　　楚昭王见越国背信弃义，十分愤怒，派出使臣前去指责越国没有信用。越王允常听到后，连忙派出文种和范蠡前往楚国说明真相。文种到了楚国极力辩解称吴国使臣是不请自到，且只是问候越王。这一切与越国毫无关系，越国对此毫不知情，也绝无吴越关系亲密之事。对这些流言本来就半信半疑的楚昭王，为了慎重起见，召见囊瓦询问。

　　这次楚昭王算是问对人了。囊瓦得知楚昭王要听自己的意见，马上想起了鸡父之战中自己向越国借兵，越国袖手旁观不予理睬的事情，所以他不假思索，就给越王下了定论"居心难测"。

　　听了囊瓦的意见，楚昭王感觉还是有点不妥，又召见了沈尹戌和申包胥，这两人听了也不敢贸然下结论。他们心里虽然知道这是吴国使的计谋，但谁也不敢担保越国的清白，万一日后越国真的背信弃义了，自己今日做了担保岂不是作茧自缚？沈尹戌望望楚昭王说："还是静观其变吧。至于楚越结盟一事，以臣下之意还是他日再议为妙。"见所有大臣对越国都持谨慎态度，楚昭王也没给文种什么好脸色看，简单几句话就将他打发了。

　　见楚国君臣如此态度，文种也只得悻悻归国。楚越结盟包抄吴国的计划就这样被孙武略施小计轻巧地化解掉了。虽然这次危机平安度过，但是阖闾还是不敢掉以轻心，他还有更重要的任务——操练兵马和水军。当然，这项重担还是落在了孙武的肩上。

✹干将莫邪齐助吴✹

夜已深沉，吴军营地里除了值班放哨的人都已睡下了，然而这时孙武将军的营帐里却依旧亮着灯光。孙武正端坐在桌子前，端详着手中的半枝雕翎箭。虽然竹竿雕翎已朽烂，但是箭镞却没有半点残损，并且隐隐之中还透出冰冷的杀气。这种杀气让孙武想起了鱼肠剑，而鱼肠剑又让他想起了一个人——欧冶子。

欧冶子乃是一代铸剑大师。他少年时，从母舅那里学会了冶金技术，开始冶铸青铜剑和铁锄、铁斧等生产工具。他肯动脑筋，又非常聪明，在平日的冶炼过程中，他发现了铜和铁性能的不同之处，于是冶铸出了自己最为满意的第一把铁剑"龙渊"。当初楚王派人到越地去寻找欧冶子，请他制造宝剑。为了制造出自己心目中理想的宝剑，欧冶子跋山涉水，走遍江南名山大川，寻找能够出铁英、寒泉和亮石的地方。因为只有这三样东西都具备，才能够铸制出世间锋利无比的宝剑来。最后，他在龙泉的秦溪山旁，发现两棵千年松树下面有七口井，呈北斗形排列，井水明净如琉璃，冷澈入骨髓，实在是上等寒泉。于是他就在旁边凿池储水，当做剑池。接着又在茨山下采得铁英，拿来炼铁铸剑，然后再以这池里的水淬火，铸成剑胚。

剑胚炼成后可惜没有好的亮石磨剑。于是，欧冶子又翻山越岭，千寻万觅，终于在秦溪山附近一个山岙里，找到了一个极大的亮石坑。他发觉坑里面有丝丝寒气，阴森逼人，知道其中必有异物，于是沐浴焚香，素斋三日，然后跳入坑洞，从里面捞出一块坚利的亮石。他用这块亮石慢慢磨制宝剑，花了两年的时间，终于铸出三把宝剑。这三把宝剑弯转起来，好似腰带一般，若手一松，剑身立即弹开变直。若向空中抛一块手帕，从宝剑锋口徐徐落下，手帕即一分为二；斩铜剁铁就好似削泥去土一样。楚王得到宝剑之后不由大喜，重赏了欧冶子。孙武早在齐国时就从爷爷那里听说过此人，后来在一个偶然的机会下，两人见过一面，并且相谈甚欢，结为忘年交。想到这里，孙武暗自说道："老兄，该出山了。"

第二天，孙武便独自一人悄然离开营帐，顶着烈日向铸剑岭方向前去。经过半日的奔波，孙武来到了铸剑大师欧冶子的家里。但他去敲门时，却发现欧冶子家大门紧闭。孙武叫了一下见无人答应，只好坐在门外的石头上等待。孙武一等就是一天，直到夜色笼罩了整个铸剑岭，欧冶子大师仍然未归。孙武心里颇有些失望，正要起身回营，突然发现西南的山坡上有红光隐隐透出，叮叮当当的敲击声清晰入耳。难道是欧冶子大师在冶炼兵刃？孙武心中一喜，连忙站起身来，疾步前往西南的山坡。到了那之后，孙武看到在嘶嘶作响的红炉旁边，两个身影正在忙碌着。

炉火和火红的铜液映出两个年轻人的面庞，一个是欧冶子的爱徒干将，一个是欧冶子的爱女莫邪。看到他们，孙武连忙上前询问欧冶子大师的去向。干将、莫邪一看是孙武将军，忙放下手中的东西与他谈了起来。孙武从干将、莫邪的话里得知，欧冶子大师外出采集金石已经多日了，只留下干

将和莫邪在家锻造宝剑。

没有访到欧冶子，孙武只好在烈火旁边与干将、莫邪聊了起来。就这样，三人一夜未眠，海阔天空地谈至第二天红日东升。到了第二天，干将、莫邪两人略微收拾了一下，便随着孙武一起入宫觐见阖闾。

当阖闾得知此二人乃是欧冶子大师的爱徒与爱女时，不由一阵大喜说："欧冶子大师所铸鱼肠、磐郢和湛卢都是世间珍宝，已为本王所有，如今他老人家的爱徒和令嫒也来助我，实在是上天助我大吴兴盛。"吴王随即传令，由干将、莫邪协助孙武选址锻造兵器。干将问："不知大王让小民锻造何种兵器？"

阖闾听了，连忙命人到兵器库中去取各种兵器，拿到殿上让干将挑选。接着又将自己所收藏的一个奇石给他们，让他们炼制宝剑。领了王命之后，干将、莫邪先筑建红炉，接着干将将薪炭填满炉灶，然后点燃。干将与莫邪亲手鼓囊添炭，九排八十一座红炉同时喷火开炼。就这样，半月之后，五千柄利剑相继出炉。然而"莫干"炉中阖闾所赐之奇石却一点动静也没有。接着又过了一个月，五千杆利戈出炉。"莫干"炉内依然毫无动静。三个月过去了，奇石依然静静地躺着。干将、莫邪此时已筋疲力尽，神情低落。干将倚在炉前的一块石头上，无力地看着炉内的火苗渐渐黯淡下去。莫邪依偎在他的身边，看着他多日紧皱的眉头，暗暗叹了一声。

关于这块神石的来历还颇有几分神奇色彩，一天阖闾正坐在殿中与群臣议事，突然兵器库守长跑过来慌慌张张说

道："不好了，大王，兵器库中的兵刃铁器好似被什么东西咬过一样，全部残破。"阖闾一听大怒说："大胆，本王让你看守如此重要之处，你居然玩忽职守，让人毁了兵器库中的铁器，居然还不知，本王日后拿什么与敌国交战？来人呀，给我推出去斩了！"

这时兵器库守长连忙跪在地上大喊："冤枉啊，大王，小人看守兵器库一直兢兢业业，不敢有半点懈怠，今日早上小人还亲自查验，一切完好，绝无他人偷入。小人守库三十年从未见过如此怪事。"兵器库守长说到这，看了看吴王阖闾说道："小人虽然不知道兵刃铁器如何残破，但是小人今日却抓住了两只怪兽。这两只怪兽形状好像野兔，一只是黑色，一只是白色。"朝中大臣听了一片惊异，就连吴王阖闾也不由得愣住了。就在这时，站在旁边的孙武好像突然明白了什么似的说道："大王，微臣识得此种怪兽。""哦，说给本王听听。"听了孙武的话阖闾将头转了过去。孙武说道："欧冶子大师曾经告诉我，山中山神常令鬼卒化身野兔吸山川瑞气，并常常潜入兵器库吞噬铁器化为精英，集于胆肾之中。若能得到此怪兽胆肾之石铸成宝剑，可助大王成就霸业！"

阖闾好奇道："有这种怪事？"孙武说道："大王可以派人将抓住的野兔抬来，当场剖开兔腹验证！"阖闾说道："来人！快将那吃铁器的怪物抓来当堂剖腹。"听了阖闾的话，几个孔武有力的殿前侍卫跟着兵器库守长走了。没一会儿的工夫，几个人抬来了两只怪兽，众人一看不由呆住了。只见此怪兽果然长得如同山中野兔，但体形却比野兔大几十倍，且毛发倒竖，让人看了之后无不胆寒。阖闾从王位上走下来，来到怪兽旁边左右仔细观看了一下，然后就让人剖开兔腹。在怪兽体内侍卫果然找到了两枚拳头大小的卵形奇石，将两枚奇石相撞还铿锵有声。阖闾看了之后一阵欢喜说："今日巧得神石，莫不是天助我吴国？"说着就命人将此神石收藏了起来，以备他日之用。如今干将、莫邪乃是欧冶子大师的徒弟与爱女，所以阖闾便将此奇石给了他们，让他们炼出宝剑。

"我们会炼成的。"莫邪安慰地说道。干将看了看莫邪，莫邪避开干将的目光将头低下，身体却移向干将。多日的劳累让干将垂下了眼睛，恍惚之中不由得睡着了。朦胧中，干将觉得怀中空荡起来，睁开眼睛抬头看去，只见莫邪正踏上炉边的石墩，探身攀上高大的红炉。在红炉里的红光映现下，宛如仙女飘然下落。

"毁身投炉！不，不——"干将一下子醒了过来，大叫着急冲过去，一把拽住莫邪，将她紧紧抱在怀里。莫邪伏在干将胸前，"为了让你成为真正的剑师，我宁愿毁身投炉助你铸剑。"干将一时之间不知说什么好了，只是紧紧地抱着她。

原来，欧冶子大师曾经向他们说过，以纯阴之躯投身炉中，就可以化解天下最难化解的铁石。就在干将紧紧地抱着莫邪时，莫邪一缕飘逸的长发从他指间滑落。莫邪的秀发掉入炉中之后，突然升起一阵烟雾，奇石的颜色猛然一变。站在炉边的莫邪、干将二人先是一愣，接着大喜，连忙唤来诸位徒弟，一起剪下头发指甲投入炉中。

就这样，炉中烟雾腾起，如乌云在红炉上空萦绕。干将、莫邪急忙鼓动风囊，徒弟们也纷纷添薪加炭。突然一阵风吹过，一道利电从天劈下，红炉里，烈焰腾空而起，那块神石顿时化作汩汩热流急急奔涌，呼啸着冲入剑模之中。接着，一阵青雾散去，剑模中现出一对青色的宝剑。一雄一雌，雄为干将，雌为莫邪。

第二天，干将莫邪进宫复命，献上刀剑戈戟各一万件，另呈上宝剑"莫邪"。由于新剑初成后剑师被杀的例子太多了，加上莫邪已有五个月的身孕，为保全骨血，在呈献宝剑时他们二人暗中将"干将"留了下来以此传承。如果吴王英明睿智，二人生命和他们的骨血得以保全，"干将"自会飞入吴宫与"莫邪"合而为一；如果二人不幸遇难，"莫邪"则会飞出吴宫寻找"干将"。

阖闾接过神剑放于掌中，只见其娇小柔弱，且颇有温润纤细之感，不禁怀疑地问道："这就是你们所铸之剑？"干将说道："大王可以试一下此剑。"阖闾听了就迈步走出殿外，见旁边有一尊虎丘石，阖闾举剑劈下，巨石应声断为两半。

阖闾一阵大惊，连连赞叹。干将深深作了一揖说道："大王责令小民冶铸刀剑戈戟之事，如今业已完成，请大王恩准小民与莫邪回家。"阖闾并没有答复他，而是看着手中的剑说道："好剑，好剑。"接着话锋一转说道："听说名剑出世，如以剑师之血试剑，此剑定可力增百倍。干将，可有此事？"

听到这儿干将、莫邪心里顿时一沉，干将暗自叹了一声

说道："小民也曾听说过此事，但不知是真是假，如果真能力增百倍，小民愿以身试剑。只是此剑是小民一人所铸，与莫邪无关。"

听了阖闾与干将的话，身边的文武大臣顿时大惊。孙武抢先站了出来说道："大王，杀献剑者，日后天下谁还敢献剑？"听了孙武的话，阖闾不由思忖起来，这时阖闾手中原本温润的剑突然变得杀气森森，一股寒气顺着他的掌心彻入心脾，阖闾暗暗一惊。略作思索后，阖闾笑着对孙武说道："孙将军，这个道理本王岂能不知，本王只是与干剑师开个玩笑而已。千军易得，一将难求；千工易得，一匠亦难求，何况又是天下难求之剑师。干将、莫邪，本王封你们为吴国冶造总监，赏三百金三百匹帛，继续督造利器充实武备，辅助本王完成兴吴大业。"

干将连忙跪下谢恩。

✳ 孙武的第一次带军 ✳

公元前513年，阖闾二年岁末，吴王纳伍子胥之谏：讨伐掩余、烛庸二叛臣，消灭徐与钟吾二国。虽然这次战争规模并不大，对孙武来说并不是什么难事，但毕竟这是他出任将军后的首次起兵，所以他也不敢掉以轻心。孙武封伍子胥为大将，伯嚭辅之，并以三分之一的兵力北上伐徐与钟吾。听了他的话，伍子胥好奇地说道："徐与钟吾不过一小国，不堪一击，杀鸡焉用牛刀？"伯嚭接着说道："除掩余与烛

庸，如瓮中捉鳖，将军何劳如此兴师动众？派一个使者前往索取就行了，谅他们也不敢不从。"面对大伙儿的不解，孙武笑了笑，给他们解释了自己的看法。

徐与钟吾乃楚之属国，与吴接壤，民穷兵少，均为小国。孙武此番兴师，表面上看似矛头指向徐与钟吾，讨伐遗臣，铲除余孽，实际上是与楚交战。孙武已料到，以吴师如此浩大之声势，掩余与烛庸是断然不敢迎敌的，必定会逃往楚国。当前楚国国力雄厚，子西、囊瓦、沈尹戍等人又都有万夫不挡之勇，不可掉以轻心。孙武此次征伐只是想借此机会，探试一下楚国而已。听了孙武的话，大家不由一阵敬佩与赞同，吴军于是择日挥师北上。

钟吾乃一弹九之地，知道与吴军对抗无异于拿鸡蛋扔石头，必死无疑。所以当他们看到吴国来势汹汹时，慌忙开门献城，而烛庸则趁吴军尚未围城就匆匆弃城而逃。吴军迅速移师伐徐，大军在城外十里处扎下营盘，埋锅造饭开始休整。孙武带领裴基和夫概前往高地勘察。

徐国地处淮、泗之间。国君章羽听说吴国要讨伐自己，老早就准备好滚木礌石，加上原来城高池深、河汊纵横，吴军一时无法接近，因此并不畏惧孙武。副将裴基看到这些不由得有些焦虑，但是夫概和孙武两人却显得神定气闲，悠闲自在。夫概的悠闲颇带着几分袖手旁观，看笑话的意味；而孙武的悠闲则是一种胸有成竹。裴基向夫概问道："兵士靠近城池颇费力气，不知夫概将军有何攻城良策？"

夫概瞥了裴基一眼，然后冷冷地看了看孙武，意思是说领兵打仗的将军在那儿呢，你找我做什么？见夫概不理自己，裴基一时没有明白过来，还以为他没有听到，于是又说了一遍。夫概有些气恼地瞪了裴基一眼，就向别处走去，裴基一阵尴尬。就在这时，站在一旁的孙武说道："裴将军，攻下徐国根本不用靠近它。"听了他的话，裴基有些不明白。孙武接着说道："我们现在是登高远望，请裴将军再仔细观看一下，很快你就可以看到徐国的生门和死门。"裴基登高眺望，又仔细观察了一下地势，恍然大悟地说道："徐国防守依靠河水，可是也会毁于河水啊，孙将军真是神算。"孙武没有说什么，只是笑了笑，同时裴基这才注意到，孙武亲点的兵士里一多半是力大无穷的兵士，这一下心里不由暗暗佩服孙武的知己知彼。接下来的事情就很容易了，一千吴国兵士放下戈戟，砍伐树木，在徐国都城以南将淮泗水截断，将其他支流改道流入淮水和泗水。

不到半日，河水涨满，徐国城内大水漫灌，水深三尺，百姓叫苦连天。国君章羽不由急了起来，忙命徐国兵士出城挖渠排水。然而徐国兵士刚刚出城，就见孙武早已准备好的五百劲弩齐发，一批批利箭呼啸而至，徐国兵士丢下数十具尸首狼狈逃回城中。就这样，没多久徐国都城就变成了"水国"。

第二天，城门已被淹没半截，而楚国的援军还遥遥无期。章羽眼见没了希望，只得在亲信的保护下，收拾细软，伙同掩余和烛庸弃城划船而逃。见主公都逃走了，城内百姓与士兵一片大乱，只得登上城墙投降。孙武这才下令将士掘开堤坝，于是城内积水慢慢退去。

就这样，没有费多大力气，钟吾和徐国就归顺了吴

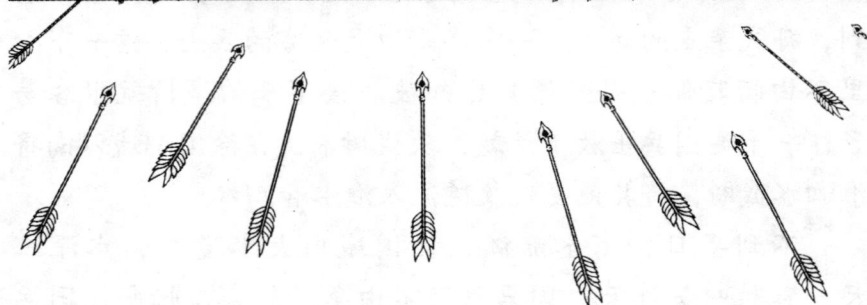

国。就在吴军准备追击烛庸和掩余时，孙武却突然下令班师回朝，众将领不由愣住了。刚要上马追击的夫概很不高兴地走到营帐里向孙武问道："现在烛庸和掩余两人已经逃跑，将军为何突然班师回朝而不乘胜追击？如此一来岂不是纵虎归山？"

孙武听了夫概的话笑了起来，对他说道："夫概将军，要想捉住此二人简直可以说是易如反掌，今我既未围城，也不追击，就是有意放他们走。此时他们已别无去处，只能和章羽逃亡楚国。我们正好可以用他们做试探楚国的诱饵。"听了孙武的话，夫概一下子明白了过来，这才发现孙武并非自己所想象的那样，只是个舞文弄墨的舌辩之徒。于是，他开始从心里暗自信服孙武的用兵之道。孙武、夫概他们回到吴都之后，孙武又详细地向阖闾上奏了自己的伐楚之计。

✴ 蔡昭侯受侮 ✴

伐二国是孙武有意打草惊蛇，是孙武伐楚的第一步：扰楚。楚国防卫多在西部，有重兵把守，而东部则过多依赖于诸如钟吾和徐国之类的藩篱之国。孙武攻打钟吾和徐国，主要目的是想知道楚国的反应。

掩余与烛庸逃往楚国后，因为担心楚国不会接受自己的归降，于是提前用重金贿赂囊瓦。楚昭王读了掩余与烛庸的降书后，就好像手中捧了一个仙人球，左右为难，于是连忙与囊瓦商议如何对待他们俩。囊瓦听了之后故作慎重考虑的

模样，然后说道："公子光杀王僚，篡权夺位，除庆忌，巩固政权，为除后患，今又来讨伐掩余与烛庸。掩余与烛庸为求生路而降，我们没有拒绝之理，况且此二人又带了数万兵丁，于我有利而无害。"昭王听了他的话说："只怕受吴之降将，日后会恶化与吴之关系。"

囊瓦听了不以为然地说："大王考虑的甚是，接受掩余与烛庸投降，确实会损及我国与吴国之间的情谊。但是我楚国是泱泱大国，岂可因为怯吴而拒绝到口的肥肉呢？此事如果传了出去岂不影响我国的名誉？"

子必在一旁插言道："伍子胥与伯嚭致力报仇已久，今我受吴之降将，伍子胥等楚之亡臣肯定会怂恿阖闾以讨伐叛逆为由，兵加于我国。"囊瓦闻言哈哈大笑，昭王见了说道："爱卿何以发笑？"囊瓦答道："臣并非未虑及此，受吴之降将，伍子胥若领兵前来挑战，臣自有御敌妙策。""爱卿有何妙策，快快讲来！"昭王催问道。

囊瓦答道："吴军来击，必先攻境内养邑。掩余、烛庸领三万军来降，我国热烈欢迎，然后派其守养邑。若是吴军来攻，只是他们兄弟自相残杀之事，于我国无任何损伤。掩余兄弟若胜，我国所得匪浅；若是败了，我国亦无关痛痒。"昭王一听，果然是一条妙计，赞叹不已，于是立即颁旨，接受掩余、烛庸来降。招来之后楚昭王便将此二人安置于边境的阳邑。就这样，二人成了楚国抵抗吴国的盾牌，暂时得以苟延残喘。而且当他们得知是囊瓦建议楚昭王收留自己的时候，更是对囊瓦感恩戴德。其实这倒不是囊瓦如何宽宏大量，而是他得到了盼望了三年的三件宝贝：一件是狐裘，一件是玉佩，另一件是良驹"骕骦"（sù shuāng）。

狐裘是用了千只银狐腋下绒毛做成的，拿在手里轻若鸿毛，可是穿在身上就是夜间卧于雪中，身上还是温暖如春。而玉佩色如凝脂，冬日温润，夏日凉爽。"骕骦"疾驰如电，才闻其声已如影掠过千里。囊瓦对此爱不释手，不过这三件宝贝可是来之不易。

三年前，楚国的附属小国唐、蔡两国前来进贡，唐成公骑着一匹"骕骦"来，并给楚昭王献上一匹"骕骦"，而蔡昭侯身披狐裘腰悬玉佩而来，就给楚昭王献上另一件狐裘和另一只玉佩。十四岁的楚昭王还是个小孩子，能懂多少，得宝贝后心里十二分的欢悦，立即穿了裘服，挂了玉佩，摆了豪华丰盛的宴席款待蔡昭侯。

酒宴开始，觥筹交错，席间蔡昭侯看看楚昭王的裘服美玉，再瞧瞧自己身上的美玉裘服，自己十分得意。可是没多久，蔡昭侯突然感觉很不舒服，可又一时说不出为什么。就在这时，他才发现席间囊瓦不停地拿眼睃他，看得他心里直发毛。这个囊瓦官拜令尹，乃是楚国最高官员，楚昭王对他宠信得无以复加。此人身材如水牛一般强壮，满脸胡须如刺猬，一双老大的眼睛向外凸起。在楚国，他就是轻轻地跺一跺脚，汉水、淮水都要起半天风波的。蔡昭侯对他看上一眼，不由得不寒而栗。这时囊瓦又向蔡昭侯笑了笑，蔡昭侯忙接着笑了笑，并下意识地回避着囊瓦如此热情地"关注"。

酒酣耳热之时，囊瓦端着酒爵，歪歪斜斜地走向蔡昭侯，似笑非笑地说："昭侯朝贡献宝，实在明智。大王欢

悦，我等做臣子的自然也高兴。来日昭侯有用得着囊瓦的地方，只需说一句话就行了。""不敢，不敢。"蔡昭侯听见囊瓦如此之说，连忙从席间站了起来，向囊瓦回礼道。"这是什么话？有什么敢不敢的？"囊瓦笑了起来，接着他突然将话题一转说道："世传昭侯珍宝如山，今日一见果然不错。"蔡昭侯听了心里一阵不舒服，不过他不敢将内心真实的一面表现出来，于是赔笑说道："孤陋小国，怎敢与楚国相比，哪儿有什么珍宝？"囊瓦笑道："这裘服、佩玉岂不算宝贝么？"蔡昭侯说道："聊表敬意，才敢献给大王。"囊瓦笑道："昭侯身上穿的，脖子上戴的，不也是宝贝么？"蔡昭侯先是一愣，接着才琢磨出点儿滋味来了。囊瓦说到这里哈哈大笑，蔡昭侯则如坐针毡，左右不是。

囊瓦笑过之后对他说道："蔡侯，我酒后身上有些发冷，能否借用一下你的狐裘暖和一下？"蔡昭侯听了无奈地笑了笑，只得脱下狐裘"借"给囊瓦，囊瓦披上后哈哈大笑。囊瓦举起酒爵又敬了他一下，蔡昭侯一脸苦笑地喝下这杯"敬酒"。看到蔡昭侯的模样，囊瓦心满意足地回到自己的座位，与其他人开怀畅饮起来。

过了好一会儿，蔡昭侯苦着脸看看楚昭王，期望楚昭王能帮他要回狐裘。十四岁的楚昭王正和大臣们谈笑风生，根本没注意到蔡昭侯的尴尬。其实就是注意到了那又能怎么样呢？在他心里，囊瓦和蔡昭侯孰亲孰疏，他自己还不明白吗？

受此屈辱的蔡昭侯，勉强撑到酒席将散，起身来到囊瓦面前笑着向囊瓦说道："令尹大人，我要回驿馆休息，

外面天冷，请令尹让我披上裘衣暂避风寒。"囊瓦见蔡昭侯居然当众索要，让自己很失面子，顿时恼怒扭头不理，只做没有听到。蔡昭侯再次低声恳求，囊瓦转身就往外走。这时门外的蔡国将军鉴看到了按捺不住，挺身拦住了囊瓦的去路。囊瓦大怒，拔剑指向将军鉴，将军鉴也拔出了自己所佩之剑。这时，正在一边说笑的楚昭王才发现宴会上出了事，于是连忙喝住二人，并让囊瓦将狐裘还给蔡昭侯。囊瓦听了愤然脱下狐裘扔在地上，扬长而去，将军鉴帮蔡昭侯弯腰捡起狐裘。

回到驿馆，第二天，天还没有亮，囊瓦已派人包围了驿馆，连同蔡昭侯和唐成公一并囚禁起来。理由很简单，说他们有谋反之相。积压在心中的怒火让他们二人也强硬起来，虽然他们国小兵弱，但是二人怎么也是一国之君。对楚国，他们年年进贡，税赋分文不少，可在楚国他们连自己作为君主的尊严都得不到保障，形同草芥，任人羞辱。

驿馆被人包围了之后，囊瓦传过话来，只要他们交出狐裘和骕骦，即可由他向楚昭王求情免去罪名。二人听了坚决不从，囊瓦见他们如此强硬，也起了性子坚决不放。就这样，双方开始僵持起来，谁知他们这一僵持就是三年。三年内，唐蔡两国国君被囚，国内大乱。唐国大夫公孙哲冒死前去探望，规劝唐成公暂时退让，献出骕骦回国理政。唐成公这时也来了脾气，说什么也不答应。公孙哲无奈，只得假传唐成公的口谕，命随从牵出骕骦代唐成公献于囊瓦。囊瓦见宝物到手又见唐成公屈服，于是下令释放唐成公。

公孙哲回到驿馆，跪在阶下请罪。唐成公知道真相

后，想着公孙哲也是为国事着想，只得长叹一声作罢。此时蔡昭侯听说此事，也因顾虑国内政事，在将军鉴的规劝下献出狐裘。囊瓦放了蔡侯，蔡昭侯赶紧逃窜，出了楚国。

蔡昭侯他们晓行夜宿，来到了长江上游。舟船北溯，便是汉水，依汉水北望，便是蔡国了。楚国三年受辱，望见汉水，蔡昭侯忍不住面朝北方号啕大哭，大放悲声。将军鉴在一边也陪着失声痛哭。蔡侯将佩玉拿在手中，把玩良久，忽然掷入江中说道："苍天作证！寡人日后若再南渡去朝贡楚国，叫我不得全尸！如同这块佩玉一样葬身大江！"将军鉴也立誓说道："他日再赴汉水南下，必为大王取囊瓦项上人头！"

✺ 小胜楚军 ✺

近些日子楚昭王一直都高兴不起来，整日郁郁寡欢的样子。原来这一年来，吴国总是袭扰东部边境，迫使楚国西部大军长途驰援东部疆界，可是等楚国大军赶到了，吴军又迅速撤退了。大军出行日耗千金，楚军只得驻扎下来。

这是孙武献出的伐楚第二步：疲楚。此时吴军分成多股与楚军周旋，轮番在边境处袭扰楚军，让楚军疲于应对，片刻不得安宁。时间一久，兵士们怨声载道，厌战之声日高。边境的藩篱之国既要征兵助楚，又要供应给养，久而久之国力空虚、民怨沸腾，于是也渐起离异之心。此时，伍子胥不

失时机地派出被离暗中策反楚国的藩篱之国，桐国首先叛楚投吴，舒鸠国也不堪楚国的欺辱生出投吴之意。被离乘机让舒鸠国君暗地协助吴国。舒鸠国君按计来到郢都，面见楚昭王举报桐国反叛，并"献计"引路迂回讨伐桐国。

囊瓦一听桐国叛乱，想即刻出兵剿灭桐国。这时沈尹戌上奏说："吴国多次袭扰我军，意在以逸待劳，我楚国应静观其变，不宜贸然出兵，还请大王三思后行。"舒鸠国君见了，按照孙武所教的话上奏："大王，蚁穴虽小，如不及时堵塞，长堤之溃正源于此。今桐国背信弃义，实在有伤楚国国威，如若不除，恐难令其他藩篱之国信服。若其他藩国步其后尘，东夷之地难免为吴国所用。"

楚昭王仔细思虑了一下，即刻命囊瓦为主将、子期为副将率水军沿江突袭吴军。接着又命公子繁带兵由舒鸠国君引路讨伐桐国，讨伐桐国胜利后火速与囊瓦会合一路直逼吴都。沈尹戌还要再说什么，楚昭王就先开口说道："沈令尹带兵驻守郢都，我们静候囊瓦、令尹两位大臣的佳音。"楚昭王说完，不等沈尹戌接着开口，就拂袖退朝了。就这样，囊瓦率大军沿江东进，及至大别山以东、江淮之间的豫章附近，突然听到前哨来报说前面发现吴国战舰。囊瓦得此消息心里不由暗吃一惊，想道："难道突袭吴国的消息已被他人泄露出去了？不然此处怎么会有吴国的水师呢？"

其实突袭吴国的消息确实被他人泄露出去了，而这个泄露消息的人正是舒鸠国君的两名随从。他们找个机会溜走，把楚国的行军计划快马飞报给了孙武。不过囊瓦毕竟身经百战，很快他就让自己冷静了下来，他想："我军千艘舟楫，还会怕你孙武区区几十艘战船？"想到这里，他大声对将士们喊道："列船对阵！"楚军水师听到命令后火速摆开了水阵，等待囊瓦下命令与吴军交战。见自己的水师已摆好了阵势，囊瓦和子期就登上瞭望塔楼以观察敌情。只见远处的江面上，吴军持戈列队而战，旌旗猎猎，樯橹林立，战鼓声隐隐透过江雾传了过来。囊瓦观察了一下，正要下令攻击，这时子期劝住说："目前敌我双方形势不明，令尹不可贸然出军。孙武诡诈多计，肯定有所防范，现在我军经过长途跋涉，立足不稳，所以我认为当前最好的办法就是先静观其变，而后动。"囊瓦听了便依他之计。

就这样，在江面上，两军谁也不肯先出手，都是在等。几个时辰过去了，双方还是各自按兵不动，并且对面的吴军似乎更有耐性。鼓声咚咚敲个不停，将士们站得笔直，但就是不肯发兵。也不知过了多久，天色渐渐暗了下来。囊瓦再也按捺不住自己急躁的性子，下令进攻。于是，楚军战船顺流疾驰冲进了吴军战船之间。楚军呐喊着挥动利戈跳上吴船，而"吴军"却无动于衷，如痴似呆地站立在那里，一动不动，几个"将士"还是一个劲地敲个不停。这时，站在瞭望塔楼上，一直在观望的子期突然明白了过来，大叫："我们中计了！"可是他们发现得太晚了，率先带领将士跳上吴军战船的囊瓦，这才发现"吴军"都是身着军服的稻草人，而那些一直在咚咚敲个不停的"将士"则是一只只山羊。原来，吴军在幕帐后面摆满战鼓，每只鼓上悬着一只山羊。山羊因被悬着很不舒服，挣扎着要摆脱，于是两腿在鼓面上乱

蹬，击打着鼓面，发出了咚咚的声响。子期这才明白为什么吴军的鼓声这么零乱，于是冲着囊瓦大喊："囊瓦将军，赶快撤军！"囊瓦上了吴船之后已明白上当了，心里面也不由得慌乱起来，连忙指挥楚军兵士撤回自己的战船。

待楚军跳上了吴船，江边芦苇丛中在一声唿哨之后，数百支裹着麻布、饱蘸油料的带着火苗的利箭如飞蝗般射出。这些箭落在吴军战船的稻草人上和满载棉麻油料的船舱里，很快船就被点着了。接着第二批火箭也随之而来，落在楚军的战船之上。囊瓦急令楚军摇船离开，可是自己的船却怎么摇也摇不动。囊瓦来到船边观看，这才发现吴船和楚船的锚都在水下被系在一起了，囊瓦不由得呆愣在那里。

接着芦苇丛中的吴军又射出了一批批火箭，楚军动弹不得只得跳江活命。芦苇丛中又射出近万支火箭，点燃了岸边的芦苇，然后吴军迅速撤离。在浓烟火光的映衬下，只见囊瓦两眼充血，面目狰狞，疯狂地挥舞长戟指挥扑火。可是火太大了，兵士们被火势逼得连连后退，囊瓦气得举戟砍杀那些后退的兵士。就这样，船只上木头的爆裂声，兵士凄厉的呼救声，混合着滚滚浓烟低空聚集盘旋，笼罩了数十里的江面。眼见芦苇丛中的吴军扬长而去，囊瓦凶恶地瞪着两只眼睛却又无计可施。突然他大叫一声，一口鲜血喷涌而出，一头栽倒在船上。子期见大势已去，也不指挥救火了，连忙命令兵士弃船逃生。

楚军狼狈不堪地从江中逃到岸边时，已经如同落汤鸡一般。只有不足十艘战船载着满船的残兵败将强行挣脱幸免于难，艰难地逆流向楚国驶去，一路上还不时地遭到吴军的伏击，楚军只好仓皇奔命。临近郢都，子期突然醒悟过来，对已清醒过来的囊瓦说道："吴军以空舟诱我，公子繁必定也中了埋伏。我们快快回去，以救公子繁吧！"囊瓦听了正要挣扎着起来，却又昏了过去。

他们省悟得太晚了，舒鸠国君带领公子繁说是迂回"伐桐"，可是他们走的路却是越走越窄。公子繁心中不由起了疑心，舒鸠国君看到了，就安慰他说："迂回伐桐需走此路，更何况我军不宜与吴军正面遭遇。"等他们一阵人马走到一片峡谷之中时，看着两边的环境，公子繁忽然感觉异常，回头去找舒鸠国君时，却发觉他早已不见了踪影。公子繁心头一下子明白了过来，于是大呼："快快撤出山谷！"就在大伙儿还没有明白是怎么一回事时，天空中传来隆隆之声，只见高处有巨石和粗木滚落下来，将山谷两端出口堵住。见此情景，楚军争相逃命，相互践踏，死伤无数，此时吴兵又趁机掩杀，几乎全歼楚军。

抓住公子繁后，专毅奉孙武之命率领吴军挟持公子繁接二连三地攻下了四座城池，使得楚国在短短十天内连失五座要塞，损兵折将两万余人。更让楚昭王恼火的是公子繁做了吴国的俘虏。眼见楚国连遭重击，阖闾大喜，想乘胜追击一举攻到郢都。伍子胥更是急于一雪父兄大仇，孙武赶紧制止伍子胥说道："此次获胜全有赖于长期的扰楚战术、藩国的鼎力相助和楚国的轻敌骄奢。此种战术近期再用无效，因为目前楚国的实力不在我军之下。楚国遭受重击暂时不敢主动挑战，我们应当趁此机会养精蓄锐以图再获大胜。"

阖闾听了细细思虑之后，点头应允。这次战争之后，吴

楚之间虎视眈眈但皆不主动出击，虽杀气激荡但表面却如湖水般平静。这种酝酿杀机的平静持续了将近两年，在一个夏日的凌晨，这种平静被一声孩童的啼哭打破了。这天，天刚蒙蒙亮，吴宫外，血透战袍的将军鉴怀抱着个孩童，骑着一匹满身是血的战马冲到吴宫门前。战马跃蹄悲鸣，栽倒在地力竭而亡，吴王阖闾命人给将军鉴喝了些热汤，将军鉴醒来后跪倒刚要说话，阖闾说道："寡人知道蔡侯会派人来搬救兵，不必啰嗦，如果蔡侯不再朝三暮四，寡人将发兵救蔡，并联合唐蔡之军，共同伐楚！"将军鉴听了连忙给吴王叩头说道："大王恩泽蔡国，恩泽天下！我国决心已定，不灭楚军，死不还家！今日，我将蔡侯的次子公子乾带来，留在吴国做人质，大王可以清清楚楚地知道蔡国君臣之心了。"阖闾听了不再说什么了，忙安慰将军鉴，并将他安置在驿馆调养，随后召集群臣商议救蔡一事。

阖闾说道："现已有八处小国叛楚投吴，楚国视其藩篱之国如草芥，今若能挽救蔡国黎民免遭涂炭，定能动摇其他藩国附楚之心。孙将军打算派多少将士救蔡？"孙武不由得吃了一惊，说道："三万精兵。"伍子胥说道："囊瓦只带一万人马围攻蔡国，我军为何如此倾尽兵力？"孙武说道："囊瓦为泄私愤而发兵，必无长久作战之意。我军出兵挺进楚地，他自然从蔡国撤兵回防。蔡国之围不战自解。"阖闾说道："那这三万精锐派往何地？"孙武冷静地说道："郢都。"

听了孙武的话，大伙儿一阵吃惊。孙武看了看他们接着说道："近两年楚之属国，十之八九皆已暗地叛楚。楚国现

在羽翼俱失，此等良机千载难逢，我们可一举直捣郢都。"
旁边的伍子胥一阵欣喜说道："莫不是……莫不是孙将军要
准备大举伐楚？"孙武说道："正是，时机已经成熟。"说
完，孙武从袖中抽出一张地图展在阖闾面前。在这张图上，
从吴国各个关口抵达郢都的水旱路线一目了然。三条主路五
条辅路，相互交错就有了数十种选择。阖闾将线路图挂于殿
堂屏风之上，文武众臣围拢过来各抒己见，直到深夜阖闾才
宣布退朝。

接着伍子胥来到驿馆，见将军鉴元气恢复，即命随从牵
来一匹快马，让将军鉴策马直奔唐国。

唐成公早就得知蔡国陷入楚国的包围，正在担心下一个
目标就是自己，这时突然接到吴国消息，得知吴国要兴兵伐
楚救蔡，唐成公不由大喜过望，连夜回信表示愿出精兵两万
助吴伐楚。

于是唐军与吴军在淮水西岸会师，吴军主帅孙武，上
将军伍子胥，大将伯嚭、夫概，副将夫差、裴基和专毅，率
三万水师、五百艘战舰摆满江面。离吴军尚有数里就觉杀气
森森。

阖闾亲自在江边祭拜江神，祈求伐楚成功，以图霸业。
吴军将士高举牛角长号，对天长鸣。岸边放着一排牛皮巨
鼓，阖闾亲自高举鼓槌重重击下，十名鼓手随即击鼓催战。
号声低沉悠长，鼓声震撼心魄，连桅杆都在瑟瑟抖动。孙武
抽出宝剑，砍断第一艘战舰的缆绳，大喝一声："出发！"

✴ 吴楚之战 ✴

　　吴楚之间的生死决战正式开始了。吴唐大军沿淮水溯流而上，绵延数里浩浩西行。孙武迎风而立站在船头，回眸望去，战船数百，千樯排阵；再看看岸上，战车和步卒，遮天盖地。他的心情好极了，感到从未有过的力量在周身膨胀。

　　就在大军沿江而行时，突然孙武命令吴军弃舟登岸，众人一听不由大吃一惊。孙武说道："今我军以三万之众对阵二十万楚军，无异于以羊入虎口。兵贵神速，趁郢都现在不知消息，未有防范，我军沿岸乘轻车突袭，可毕其功于一役。"阖闾说道："将军所言极是，但是吴军步行前往，谈何神速？"孙武听了微微一笑，令吴军打开船舱，只见八百辆革质轻型战车和两百辆重型青铜木质战车赫然出现在阖闾面前，孙武再次展示了其战术之"奇"。阖闾看了看笑着说："本王算是服了。"接着在孙武的命令下，八百辆轻车迅速上岸西行，两百辆重车隆隆跟进。

　　孙武猜得没错，吴军入境不久，楚军得到情报立即报给了囊瓦和楚昭王。囊瓦忽闻吴军从自己的身边乘虚而入，唯恐楚昭王怪罪下来，于是赶紧丢下辎重，率领围城的楚军急急回防解救郢都之急。就这样，蔡国之围不攻自解。将军鉴看到蔡国解围，立即鞭马飞奔入城，将孙武的密信交给蔡昭侯。蔡昭侯看完依计亲自统率两万陆军沿淮水南岸向西挺进。

　　就这样，蔡军成为吴国伐楚大军的后翼部队。吴军离

都城已不足百里的消息传到郢都之后，朝中一片哗然。楚昭王赶紧召集群臣商讨救国之策，沈尹戍临危请缨，楚昭王十分高兴，忙问他有什么办法。沈尹戍便将自己的应敌之策说给楚昭王，沈尹戍用的是"率然"之法。"率然"是山中之蛇，若是遇到敌人突袭，就可以自断为数节，并且还可以瞬时复原。敌人击打其头部，蛇的尾部就会攻击敌人；击打蛇的尾部，其头部就

◎率然：古代传说中的一种蛇。《孙子·九地》："故善用兵者，譬如率然。率然者，常山之蛇也。击其首则尾至，击其尾则首至，击其中则首尾俱至。"三国·魏·曹植《魏德论》："惟我圣后，神武盖天，威光佐扫，辰彗北弯，首尾争击，气齐率然。"

会攻击敌人；击打其身体，则头部、尾部会全部出动，令敌人防不胜防。

沈尹戍将十万精兵分成蛇头、蛇身和蛇尾三组，分别由蒍射、子期和自己率领。沈尹戍带领楚军顺小路疾驰直抵汉水。孙武可以说是第一次遇到如此强劲的对手。孙武在"疲楚""扰楚"的时候还一直"误楚"——从吴军中不断有消息"外泄"，说吴国惧怕囊瓦而不怕子期和沈尹戍。年幼无知的楚昭王听到后更加宠信囊瓦，无视沈尹戍的才能。这次囊瓦在外，沈尹戍才有机会崭露头角。沈尹戍率两万精兵将吴军阻截于汉水北岸，据守汉水天堑保卫郢都，吴军突袭郢都的计划被打破了。孙武暗暗吃了一惊，他从对方的阵势中，隐隐感到了这次与之对抗的对手是那样的强悍和机智。

远远地，沈尹戍见吴军战车云集却没有舟楫，不觉感到

奇怪，连忙召人询问原因。这时一个军校回复道："吴军为求速进，早弃舟于淮水，乘车而来。"听到这个消息，一个计划迅速闪现在沈尹戌的脑子里面，他顿时面露微笑，战胜孙武的信心又增加了几分。在沈尹戌笑容浮现的时候，孙武的心情却变得阴沉起来，没过多久，孙武担心的事发生了。沈尹戌意识到吴军的一个小小的纰漏，在淮水留守的舟楫既是吴军先锋大军的后继，同时也是吴军的退路。目前吴军主力在汉水东岸驻扎，后防必然空虚。兵贵神速，想到这，沈尹戌立即派人告知子期，让他驰援汉水西岸，紧接着命楚军赶紧埋锅造饭整装待命。

　　一切都安排好后，沈尹戌站在帐中踱来踱去，并预测着未来战事所可能发生的一切事情。过了一会儿，沈尹戌突然听到外面隐隐地有战马鸣叫，于是就走出营帐登高眺望，只见远远的有一队人马从远处而来，一面火红色的旌旗迎风招展——是囊瓦来了。沈尹戌不由得皱了皱眉头。等囊瓦带着部下来到沈尹戌帐中，两人简单聊了几句之后，沈尹戌对囊瓦说道："现在吴军无法渡江，令尹驻扎西岸坚守即可。我带一队人马顺小路绕到淮水，烧毁吴船，切断吴军后路。等我成功之后，令尹即刻率大军强行渡江，我们前后夹击全歼吴军。"

　　说完之后，沈尹戌便命自己所带楚军急速飞奔淮水。沈尹戌的战术缜密有效，本应该能够得手的，但不幸的是，他的对手是孙武，他的这一步棋孙武早有预料。一看形势已变，孙武就连派三位谍报持虎符从三条路线飞马入蔡。沈尹戌临行之时反复叮嘱囊瓦静待消息，绝不可贸然出击，并且

将囊瓦的旌旗收起，仍然在营中悬挂自己的"沈"字大旗。可是等沈尹戍一走，囊瓦就抽出宝剑砍断旗杆，接着命人升起火红的"囊"字旗。对岸的孙武看到将旗已换，得知是囊瓦驻扎，不由与伍子胥对视一笑。

砍断旗杆升起自己的将旗后，囊瓦就回到帐中坐下休息，这时有兵士前来报告说："吴军后撤！"囊瓦哈哈大笑："看来吴军确实不怕沈尹戍，而怕我囊瓦，大旗一升吴军随即就退下了！"听了他的话，手下的人趁机对他一片阿谀奉承。

囊瓦的副将武城黑说道："那沈尹戍只是虚张声势罢了，他反复劝诫不让我们出击只是怕我们抢得头功。若切断吴军后路就是首功，再和我们前后夹击又能抢得战功，那我们就只能作为他的陪衬了，破吴之功让他一人占尽。"说到这里武城黑看了看囊瓦，见他低头不语接着说道："大人近来出师接连失利，若这次再抢不到头功，在朝中的地位恐怕……"

先锋史皇也在一旁撺掇（cuān duo）道："对，吴军孤军突进必定首尾难顾，现在已经仓皇后退，我们可以趁势一举击溃。等沈尹戍烧完吴船我们胜局已定，到那时头功自然是我们的了。"听了他们俩的话，囊瓦不由一阵心动，连忙说道："好，立刻出兵渡江！"

武城黑率领五千楚兵渡河沿吴军退路杀奔而去，吴军退到小别山的山麓扎下营盘，整装待命。就这样楚军还以为自己追的是一群残兵败将。不料山后却杀出一队凶神恶煞般的吴兵。一时间，仿佛连脚下的地皮都在微微颤抖。吴军也不答话，抡起檩（lǐn）条般的栎（lì）木劈头盖脸一通乱砸，砸得楚军鬼哭狼嚎，仓皇而逃。

史皇领着残存的先头部队大败而归，这时囊瓦已经率军渡过汉水，在东岸扎营。史皇羞愧地来到囊瓦面前复命，遭此迎头痛击的囊瓦将史皇大骂了一顿，命他暂时在汉水东岸待命。吴军也不追赶，仍然驻守小别山。被囊瓦大骂一番的史皇有些不甘心，于是深夜派人刺探吴军军情。吴军对楚军的暗探早有察觉，但却故作不知。

而此时的孙武则将夫概请进大帐微笑着说："夫概将军，还有一事需要你去做。"夫概听了爽快地一笑说道："又要攻打哪里？孙将军直言便是。"孙武摇摇头并不说什么，接着从帷帐后拿出一个包裹，恭恭敬敬置于桌上："请夫概将军打开看一下。"夫概看了看他，又看了看包裹，打开一看不由大吃一惊，说道："孙将军，你这是做什么？"孙武道："如若楚军看到大王巡视，他们能抵挡出兵擒拿的诱惑吗？因此，蒙大王恩准，请夫概将军一试。"夫概连连摇头说道："孙将军，你这是害我！"孙武奇怪地问道："怎么？夫概将军怕死？"夫概笑了笑，说道："夫概来去无牵挂！死又算得了什么？"说到这夫概苦笑了一下，接着说道："将军是真不懂，还是装糊涂？"看到夫概的表情，孙武这才意识到事情的复杂和严峻。面对疑心很重的吴王阖闾，夫概自然是不敢轻易穿戴起王者之冠冕，更何况夫概本来就是君王的胞弟，这番小心翼翼的避讳就更显得重要了。孙武想了想，对夫概说道："夫概将军多虑了，倘若大王不肯答应，这冠冕从何

而来？为伐楚之大计，将军不必疑虑了。" 夫概说道：
"这不是欺君之罪么？夫概死也不从。"

就在两人为穿还是不穿的事情争执的时候，吴王阖闾
来了。看到里面的情景，他笑着走过去说道："王弟想多
了！本王与你乃是手足之情，怎么会有这等猜忌？快穿戴起
来吧！"夫概听了，跪下叩首说道："夫概实在不敢！"吴
王道："是寡人命你穿戴的，有什么敢与不敢？况且寡人是
叫你诳诈楚军，哪个敢有微词，寡人立斩不饶！"一旁的孙
武也连忙说道："夫概将军再推托就不是了。"听了孙武的
话，夫概这才说道："既然大王有令，夫概只好从命了。"
说着恭恭敬敬将冠冕收了起来。

阖闾又说了几句便走了，夫概这才开始更衣。就这样，
这天晚上，楚军看到"阖闾"在众多将官的陪同下在吴军营
中巡视，得到这个消息，囊瓦兴奋得有些发抖，说道："擒
贼先擒王，今晚如果我们成功偷袭吴营，活捉了阖闾，那么
吴军就可以不攻自破了。"就这样，到了晚上，史皇和武城
黑各率一路人马，从左右两翼包抄而至，囊瓦则从正面悄悄
逼近吴营。火把亮光一闪，喊杀声四起，楚军潮水般杀进吴
营。然而到了吴营之后，他们却发现整个吴营帐中空无一
人。囊瓦大惊，连忙喊道："中计了，快撤！"然而已经晚
了，孙武岂会让到嘴的肥肉再溜掉？只听号角齐鸣，孙武、
夫概、裴基和专毅各领一哨人马对楚军来了个反包抄。楚军
一见中计早已慌乱，队形大变，在纵横交错如迷宫一般的吴
军营盘中左突右奔，只觉得到处都有吴兵的身影，哪里都有
兵刃从黑暗中刺出。于是一个个心神惶惶，无心恋战。

不过这些还不足以让囊瓦吃惊意外的，没过多久，就在囊瓦拼命抵挡吴军时，江边突然火光四起——楚营起火了。原来伍子胥早已带着人马对楚营进行反偷袭了。为了偷袭吴军，囊瓦只在楚营留守了三千人，这三千人很快就被伍子胥歼灭一半，其他的人也四散逃窜。看到楚营起火，楚军更是混乱，四散溃逃。史皇和囊瓦拼死杀出一条血路，率残部逃亡，吴军紧追不舍。就在囊瓦没跑多远，突然一队伏兵从对面杀了出来，领兵的人对着囊瓦大声喊道："囊瓦老贼，还我宝贝！"囊瓦先是一愣，接着在火把的照耀下，他辨认出来人正是蔡昭侯。看到囊瓦，蔡昭侯纵马杀出，囊瓦只得打起精神力战。本来囊瓦的力气与武艺都远在蔡昭侯之上，但现在他已是心慌意乱，也只能虚晃招架，毫无进攻之势。史皇看见了，赶忙策马来到囊瓦身边拼力保护。

囊瓦眼见楚军四散溃逃，一时无计只能暗暗叫苦。这时，远处一队战车飞奔而来，来人乃是子期。子期率领两万楚军匆匆赶来，截住了蔡国军队。子期杀到蔡昭侯面前，囊瓦和史皇趁机逃走。吴军后续部队赶到，见此情景子期也只好率兵退至柏举与囊瓦会合。

❋ 柏举之战 ❋

楚军举兵六万驻扎柏举。子期、蔿射加上所带精兵摆开阵势，欲和吴蔡联军决一死战。不幸的是，他们的对手是孙武，而他们的搭档又是囊瓦。当夜囊瓦和蔿射就发生了激烈

的争吵。

子期和蓬射得到沈尹戌的调遣后急急赶来，没想到囊瓦贪功心切，致使楚军大败，死伤逃亡加上被俘共计两万余人。蓬射愤然责怪囊瓦不听调遣，囊瓦见比自己低两级的蓬射竟然当众指责自己，不由大怒，带领自己的残兵败将离开本营，在离蓬射和子期十里之外的地方扎营。孙武来到阵前查看敌情，见楚军分两处扎营，知道楚军起了内讧，将帅不合。

第二天正午时分，囊瓦的大军正忙于安营扎寨，突然远远的吴军冲杀了过来。吴军突至，楚军只得仓促应战。囊瓦仓皇之下被夫概一戟挑落下马，史皇拼死拦住夫概，并大声对囊瓦说道："令尹快撤！"见大势已去，囊瓦想到由于自己的原因而导致损兵折将数万人，自知难逃罪责，悲叹一声，纵身跳上"骕骦"，仰天长叹而去。

主将已去，楚军一时间如潮水般涌向蓬射的营地，子期和蓬射看了顿足悲叹。这时探马纷纷来报：伍子胥率军自西包抄，孙武率军自东包抄，蔡昭侯自东南而来，唐国军队自西北而来。蓬射听了大惊，说道："吴军趁势而来不可抵挡，快退兵清发水，好据江河天险以阻击吴军。"说完连忙下令退军。

吴军看到了楚军后退，正想乘胜追击，孙武连忙止住，说道："穷寇莫追。"并下令就地安营修整。子期和蓬射率兵退至清发水，搜罗附近村镇的渔船和渡船，时至傍晚，集齐两百余艘渡船。子期命楚军就地埋锅造饭，饭后扔掉所有辎重轻装渡河。正当楚军饭熟之际，远远的地平线上露出一杆帅旗，随即数杆将旗依次出现，分别是"伍""唐""蔡""专"。楚军看了也无心吃饭，纷纷争抢渡船，并不时有人落水，不时有船倾覆。薳射与子期喝令不住，只得坐上战车急奔突围。

子期率残部急急逃命，这时前方又出现一支队伍，子期心里一沉，正要死战时，再细一看，原来是沈尹戌，子期不由振奋起来。然而没高兴一会儿，他却发现沈尹戌所率楚军早已精疲力竭。而此时吴军势头正猛，沈尹戌与子期自知此战难胜，于是沈尹戌将子期叫到车前说道："子期将军，郢都危在旦夕，此战胜负难料。既非我等无救国良策，也非我等不拼死护国，实在是奸臣当道。子期将军，趁现在西南处吴兵未到，即刻突围速回郢都，告知大王早做防备。沈尹戌在此拼死防御。"子期刚要张口，沈尹戌扭头不理，在子期马上猛刺一剑，战马负痛狂奔而去。沈尹戌又将家臣吴句卑叫至跟前说道："今日一战，我必拼死抵抗，若是获胜实在是楚国社稷之福。如若战败，请你将我的头颅割下带回郢都，我要在郢都看着楚国光复！"

不等吴句卑答话，沈尹戌就跳上战车，对楚军大喊："楚军将士，今日一战，事关楚国生死存亡，众将当以死报国！"说完，挥剑冲向吴军。就这样，一场事关吴楚两国生死的大决战开始了。沈尹戌抱着必死的决心冲进阵中，心中只有一个念头——杀。吴军一时抵挡不住，孙武赶紧命人后撤，将包围圈让出一个缺口。这时楚兵发现有逃生的路口，斗志顿时松懈溃散。沈尹戌发现后，纵马跃至缺口处亲自督战，楚军见逃生无望，只得再次拼死。

　　就这样，吴楚两军整整决战了三天！战场的情形十分惨烈。汉江边上，枯树枯草全被踏平了，两军像推磨一般，在方圆不过三五十里的地界上肉搏。血刃相搏时金属迸击出的火花和金属断裂的声音，连同锐器刺破铠甲搅动五脏六腑的声音，混合在一起，不绝于耳。这时候，每个人的愿望都变得简单而残酷，唯一的念头便是把雪亮的锋刃插入对方的胸口。士兵身上到处都糊满了血痂，他们机械地挥动着已经卷了的锋刃和变钝了的戈戟。听到自己队伍鸣金收兵了也收不住，这时双方都取得某种默契，就是不是自己死，便是对方死。楚军渐渐不行了，士兵四处逃窜，沈尹戍已经无力阻拦。他呆呆地望着溃逃的士兵，再也无力收拾残局了。"到底这一仗打完了，"他自言自语，"楚国也要灭亡了，你沈尹戍也是时候了。"说到这，他突然使出最后的力气大声喊道："吴句卑，吴句卑……"吴句卑听了连忙跑了过来。沈尹戍对他说道："败局已定，我时日不多，你带着我难以走脱，快将我的头割下速速赶回郢都。"

　　"不……"吴句卑眼睛满含泪水地拒绝道。沈尹戍此时已无心看他伤心，猛地拿起吴句卑放在身边的长剑，自刎而亡。吴句卑在惊呆之后伏尸大哭，接着他举剑割下沈尹戍的头颅，用剑在河边挖坑。这时有吴兵举戈要砍杀吴句卑，被孙武大声喝住。此时暮色低垂，尸横遍野，清水也已变红了。吴句卑跪在河畔，一剑一剑地挖着墓穴，周围两万余名吴军放下兵器默默看着。吴句卑将沈尹戍的身躯埋好之后，脱下战袍裹着沈尹戍的头颅，抱在怀中沿河岸西行。吴军肃然让出一条长长的道路，吴句卑就这样慢慢消失在苍茫暮色之中。

接着吴军用楚军在汉水的船只连夜渡过汉水，直逼郢都。楚昭王眼见楚国气数已尽，无奈之下趁着吴军尚未围城，急急来到后宫面见国母伯嬴，准备一起逃走。伯嬴听了，以身为国母怎能弃社稷而去为由不肯离去，接着她将昭王的妹妹季芈畀我（mǐ）领至昭王身边对他说："季芈畀我年幼，我无力保护，快快和你妹妹出城吧。"昭王无奈，一阵痛哭之后，在护卫钟建的保护下准备离城。钟建先跑到后宫的象苑，里面豢养着百余头越国进贡的大象。钟建命驯

◎季芈畀我：楚昭王熊轸的妹妹。她的名字是奇怪的四字组合。"季"是她的排行；"芈"是楚国的国姓，是模拟羊叫的声音；"畀"是象形字，指丝织品放在托盘上的样子。

象人在象尾绑上绫罗缎条，浇上油料，然后将大象赶至城门外，接着命驯象人点燃象尾的丝缎。大象突然受疼，象鼻高高扬起，闷声吼叫。百余头大象狂奔出城，踩踩得地面剧烈颤抖。一些没有来得及躲闪的吴军，纷纷被踩在象蹄之下。吴军惊恐万状，扔戈抛盾纷纷溃逃。钟建保护昭王和季芈畀我跟在象群后趁乱逃跑。

第四章

息影深山

- ◆ 鞭尸楚王伍员解恨
- ◆ 放纵逸乐吴王失斗志
- ◆ 申包胥求救于秦
- ◆ 夫差继位报父仇
- ◆ 卧薪尝胆，勾践复仇
- ◆ 悄然归隐修兵书

鞭尸楚王伍员解恨

国君已逃，郢都失守。吴军占领楚国的都城，伍子胥率吴国大军进驻郢都，安抚城中的楚国百姓，然后恭迎阖闾入住郢都。阖闾站在郢都城头，眺望广袤的楚国大地，多年的隐忍与励精图治一幕幕闪现在自己眼前。如今自己已站在楚国的大地上，手抚城墙，阖闾不由仰天长笑起来。

接着他下令举国庆祝。这时的伍子胥虽然心里也很高兴，但却怎么也打不起精神来。虽然积压了19年的仇恨在入城的那一刻变得更加强烈，他终于可以让父兄的冤情昭雪于天下了。可是如今楚昭王已逃往别处，楚平王已死，自己该向谁报仇雪恨呢？这把复仇之剑要砍向何处呢？伍子胥显得有些迷惘。

掘楚平王老儿的坟墓！对！掘墓！就是死了，也不能让他一了百了。接着伍子胥疯狂地率领一百徒卒，连续三天三夜搜寻楚平王的坟墓。然而，楚平王的坟墓却怎么也寻不到，兵士们虽然发现了多处楚平王的墓葬之所，但是带人前去挖掘时，却发现都是衣冠冢。伍子胥明白，这是楚平王为防盗墓所设的"疑冢"。那真正的楚平王之墓在何处呢？

伍子胥正带人在荒野搜寻时，突然远处蹒跚地

◎疑冢：是最普通的反盗墓方式，即隐蔽墓址，使盗墓者不知真墓在何处。据说先古陵墓并不在地面设置突出的标志，其主要出发点之一，就是为了防止盗掘。

走来一个面容憔悴的老人。老人看到伍子胥颤巍巍地喊道："大人可是当年逃亡吴国的伍子胥伍大夫吗？"伍子胥赶紧上前施礼："老丈怎么知道我的名字？"老人说道："我听说伍大人灭了楚国后就四处寻找楚平王的坟墓，现在我见大人带着这么多的人在这荒郊野外四处寻找什么，心里就明白了。"伍子胥说道："老丈找我伍子胥可有何事？如有我伍子胥能帮助的，老丈尽可开口。"说完伍子胥看了看老人，这时老人什么也没说，却突然失声痛哭起来。伍子胥不由越加好奇起来，就上前问他有什么难事，这时老人才说出了自己找伍子胥的原因。原来此人正是当初为楚平王建造真正墓园的唯一幸存者，听到这儿伍子胥不由大喜。

当初楚国召集了三百名工匠为楚平王建造墓园，另派了一百名兵士守卫，老人是当时的石匠。一天，他无意中偷看到楚宫来人，商议要将工匠和守卫全部杀死殉葬。听到此话他也不敢再回去了，趁着夜色连忙逃走。就这样，老人成了唯一知道楚平王真正墓园的幸存者。伍子胥在老人带领下来到郢都城外，在一个烟波浩渺的大湖旁边停了下来。湖畔里有座高台名叫"寥台"。老人领着伍子胥登上寥台，指着湖

◎殉葬：又称陪葬，是指以器物、牲畜甚至活人陪同死者葬入墓穴，以保证死者亡魂的冥福。以活人陪葬，是古代丧葬常有的习俗。有的是死者的妻妾、侍仆被随同埋葬，也有用俑、财物、器具等随葬。龙山文化时期（约5000年以前）就出现人殉，商朝男女贵族墓葬有大量的人殉。用活人殉葬，是中国古代一项残忍野蛮的制度，秦汉以后有所收敛，往往代之以木俑、陶俑。

心说道："楚平王之墓就在湖心。"

听了他的话，伍子胥连忙让手下将湖水排干，果然露出一座石室。老人在众人搀扶之下来到湖心，弯腰按动一处按钮，石室自动打开，露出一座石棺。伍子胥一阵欣喜，连忙将石棺打开，里面竟然还是衣冠冢，伍子胥不由得一阵失望。看到这，老人微微一笑说："伍大人搬开这个石棺再看一看。"听了老者的话，伍子胥在一阵疑惑中命众人移开石棺。当石棺移开后，只见下面是块汉白玉石板，老人上前按动按钮，顿时，石板移开，下面又是一座石棺。正才是楚平王的真棺。

众人将石棺抬出，打开真棺，只见一股氤氲腾空而起。雾气散去后，楚平王的尸体被抬了出来，扔到地上。尽管是在灯笼火把的微光里，但也清晰可见楚平王那张黄脸竟栩栩如生。一遇空气，楚平王的皮肤忽然变暗了下去，由黄变成了灰白，两腮也瘪了下去，几乎成了两个洞，让人看了觉得十分恐怖。此时的楚平王仿佛有许多事情挂在心上一样，不肯将眼闭上。伍子胥看了看楚平王的尸体，说道："老儿的随葬品孩儿们可尽情拿去。"士卒们听了连忙扑了上去，有人去撕扯平王衣上的玉，有人把楚平王嘴里含的珠子抠出来，来回折腾着死人。

伍子胥此时则面向郢都老家居住的地方，号啕大哭说道："父亲兄长在天之灵安息了罢，不孝伍子胥为你们报仇雪恨了！"说着伍子胥洒酒祭奠了父兄，回身就奔向平王尸体旁边，士卒连忙闪开了。

这时伍子胥笑了起来，哈哈狂笑，笑得眼泪直流，好像

疯了似的。

笑过之后，伍子胥嘴里骂道："老儿，还认得你家爷爷伍子胥吗？我又回来找你了！哈哈……"说着，伍子胥左脚踩在死人的脚上，对士卒喊道："快拿皮鞭来！不让老儿吃我三百皮鞭我心中的气难下！"士卒听了连忙将皮鞭找来给他。手里接过皮鞭的伍子胥"叭"的一鞭抽了下去，抽在尸上虽不响亮，但那死尸立即绽裂了。看着伍子胥如疯似癫的模样，士卒们不由向后退去。

这时，老人突然跪在地上，哭了起来，说道："弟兄们，你们也该瞑目于九泉了，我已为你们报仇了。"哭完老人转身对伍子胥说道："老儿我身为楚国之民，今为人指引开棺戮尸楚王，已无颜再活于世上。"说完，一头撞向石棺气绝身亡。伍子胥深为老人的气节所动，上前深施一礼，并命人厚葬了老人。

❋放纵逸乐 吴王失斗志❋

阖闾的占有欲在入城之后突然膨胀，称霸中原的雄心在这一刻得到满足。进城之后，阖闾就下了一道通令说："三军数度苦战，置生死于不顾，人人皆是破楚入郢的英雄，可称之为功臣，可共享楚国之丰饶。"吴王阖闾命令一下，手下三军，除掉卫队，都像鸟雀一般散向郢城各处。军队再也没有了军队的模样儿，士卒们狂欢着，手舞足蹈着，冲入民宅，抢夺财物。有三五成群的，有散兵游勇的，烧杀、抢

劫，简直就像玩儿一样，从而使得孙武对阖闾大失所望。

阖闾占了楚国皇宫之后，早闻国母伯嬴的美貌，就想到后宫占有这位国母，于是他便派人前去召见伯嬴。宫女慌慌张张跑进后宫对伯嬴说道："太后，大王召见。"伯嬴听了生气地说道："你竟认贼做王，杀！"说完伯嬴就让人将报信的小宫女给杀了。前去召见的小吏看到了就连忙回来，如实将此事禀报给了阖闾。阖闾听了大怒，决定亲自深入后宫。当侍从撞开宫门，伯嬴正坐在凤椅之上，阖闾正要上前，忽见伯嬴身边放着一把剑。

阖闾心中暗暗吃了一惊，不由问道："美人为何持剑？"伯嬴冷静地说道："阖闾擅入后宫不知所为何事？"阖闾说道："欲请美人去我处一叙。"伯嬴冷笑说道："身为君王，应知周礼，郢都可以攻占，但国母岂容你侮辱？你身为一国之君，贪色亡礼，何以为君？"伯嬴义正词严，阖闾听了只得讪讪地说道："我只是久仰王后风采，今日前来一睹，并无他意。是小吏假传口谕，来人，将小吏拖下去斩了！"斩了小吏之后，阖闾一时站也不是，坐也不是，只得怏怏回去。回到宫中阖闾闷闷不乐，这时伯嚭将楚昭王的侍妾领了过来，阖闾见了心情不由好转了过来。就在这时，让他扫兴的事又来了，孙武阴沉着脸走进殿内，进谏整肃军纪，以防楚军反扑。

原来在路上孙武见到数名吴国兵士抢劫民宅，一位老者苦苦相劝，被推倒在地。孙武既愤怒又痛心，命随从抓来这伙兵士的头领，原来是左路先锋李良，只见他满不在乎地说："将军，如今大胜，我们该及时行乐才对呀。"孙武听了大怒，令人将李良斩首，并让几个兵士敲锣游街示众。孙武再也按捺不住，匆匆入宫进谏。然而阖闾此时的兴致正在那些貌美的侍妾身上，听了孙武的话哈哈大笑说："孙将军不必多虑，现在楚国已灭，君侯闻风而逃，怎敢再靠近我大吴半步？孙将军劳苦功高，伐楚之功孙将军独占十之六七，本王当然记在心里。哈哈……"听到这儿孙武说道："大王，三军攻取郢都之后……"阖闾颇不耐烦地说："好了好了，寡人来日再听爱卿谈兵。"说着就进了后宫。孙武站在那里叹了口气，只好退下回自己的住处去了。出了宫门，他想去找伍子胥，但此时伍子胥已经不在楚国了。

伍子胥鞭打楚平王之后，紧接着就又带人铲平了费无极的旧宅，然后带兵去找囊瓦。此时伍子胥的复仇之心正在漫无边际地膨胀，他带领着五千人马一路杀向郑国——囊瓦逃亡后被郑国收留。郑国早闻吴国灭楚，收留囊瓦已是提心吊胆了，如今大将伍子胥前来讨伐，郑国早已举国恐慌。郑定公派人将囊瓦叫了过来，将目前的情况说给他听。囊瓦苟延

◎郑定公：（？—前514年）春秋时郑国国君，姬姓，名宁，郑简公子。在位十六年。

残喘蜗居于郑国，如今见伍子胥不肯放过他，又穷追不舍追到了郑国，为了不连累郑国，囊瓦仰天长叹一声只好拔剑自刎了。郑定公看了大喜，连忙将囊瓦的尸首献出，哪知伍子胥收下之后，仍不退兵，因为他还有一件心事未了。伍子胥记起十九年前，郑定公因太子建勾结晋国大夫苟寅而将他诛于闹市。

伍子胥念其是自己的患难知己，要求郑定公交出太子建的尸首，并以重礼重新安葬。事隔十九年，太子建的尸骨早已不知去向，哪里还能重新给他安葬？郑定公只得亲自出城向伍子胥谢罪，伍子胥不听，扬言一定要屠城，为太子建申冤。

听了伍子胥的话，郑国大将纷纷要求决一死战，郑定公摇头不答应，说：“发兵抗吴无异于自寻死路，哪位爱卿如有退敌之策，本王即刻赐地百里官至大夫。”郑定公连问三声无人答应，就在郑定公绝望之时，有人禀报说：“有一渔人求见，说有退敌之策。”

郑定公听了连忙让他将渔夫请了进来。将渔人请来之后，郑定公抬头看去，只见来人身披蓑衣，手持半支破旧船桨。郑定公上下打量一下此人，疑惑地说道：“先生有何退敌良策？需要多少兵马？”渔人说道：“小民我只需这手中的半支船桨即可。”郑定公听了更是疑惑不解，他又一次上下打量了一下渔人。见郑定公似有不信，渔人将手中的船桨呈给郑定公，郑定公接过船桨发现上面刻着字，于是仔细看了一下，看过之后不由一阵大喜。

半个时辰之后，一个年轻的渔人突然来到吴国营帐之中。吴军将士将他提住，作为奸细押至中军大帐。士兵对伍子胥说道：“禀告大人，小人抓住了一个郑国的奸细。”伍子胥听了，头也不抬就说道：“拉出去砍了，这种事情休要烦我。”士兵听了就上前去拉渔人，渔人依旧毫无惧色，突然高声唱道：“芦中人，芦中人，腰间宝剑七星文，不记渡江时，麦饭鲍鱼羹？”听了此话，伍子胥心中大惊，连忙站

了起来，看着渔人说道："你是何人？"渔人说道："伍大夫不认识我，可认得这半支船桨吗？"

伍子胥接过船桨又仔细看了看来人，说道："你是？"渔人说道："当初伍大人在江边无路可走时，是我爷爷用这支船桨为先生渡河。为宽先生之心，我爷爷在渡过先生之后就投江自尽，以保先生安全，先生可还记得？"

伍子胥接过船桨，深深拜下去说道："我伍子胥并非忘恩负义之人，你说你今天可要什么？我全都答应你。"渔人听了说道："今囊瓦已死，先生何苦再为难郑国无辜百姓？小民不敢请大人退兵，但却恳请大人能多多思虑一番。"

伍子胥想了想说道："为谢老渔人当日之高义，今我还回郑国一城百姓之命。子胥即刻退兵，请先生回城禀报，只须请郑定公为老渔人和太子建修建陵墓以了子胥心愿即可。"

渔人听了即刻回城，将伍子胥的话告诉了郑定公。伍子胥眼望船桨，再一次想起了老渔人的高节大义，再想想如今自己为报私仇对楚平王开棺戮尸，还将郑国百姓视为草芥。想到这里，他不禁喟叹自己心窍已迷。醒悟过来的伍子胥即刻令吴军返回郢都。

就在伍子胥退兵回郢都时，另一个人已经开始行动了。这个人从郢都出发一路疾走，饿了就在农舍讨口饭吃，渴了就在河边捧口水喝，累了就在树下靠着休息片刻。在他眼里，已没有饥渴，没有劳累，只有一个念头，那就是——借兵复楚。

❋申包胥求救于秦❋

伍子胥十九年前从郢都出逃，那时他唯一的念头就是
"借兵灭楚"。在伍子胥出逃途中，遇到了申包胥，申包胥
当时曾对他说："他日你若能灭楚，我必当复楚。"不幸这
句话变成了现实。

吴国灭楚之后，其他国家不敢轻易出师，申包胥只能
求助于秦国。因为秦国与楚国有姻亲之好——伯嬴是秦哀
公的女儿，楚昭王即为秦哀公的外甥。申包胥连走数日，
快到雍州时，脚上早已血迹斑斑，于是他一步一个血印走
到秦宫前。

听到申包胥求见，秦哀公急忙召见了他。看到秦哀公
后，申包胥仿佛受
到了极大的委屈，
突然找到了可以诉
苦的人，于是泣不
成声地对秦哀公说
道："吴国大兴虎
狼之师，致使楚国
郢都陷落，楚昭王

◎秦哀公：秦景公之子，无法考证其
名，公元前505年吴国攻陷楚国国都，申
包胥向秦国求救，哀公不理，申包胥在
秦国宫门外苦苦支持，日日夜夜痛哭，
竟哭了七天七夜。秦哀公为之动容，
道："楚虽无道，有臣若是，可
无存乎？"于是发兵救楚，击败
了吴军，吴王阖闾收兵回国。

流亡他国。望大王念及两国有姻亲之好，出兵救楚国百姓于
水火之中呀。"申包胥略停了一下，接着说道："况且此次
出兵，虽名为救楚，实则也是保护秦国的安危。"

听了申包胥的话，秦哀公说道："秦国国贫民弱，哪有

余力出兵？现在乃是楚国危亡，吴秦两国素无往来，这与秦国有何关系？"

申包胥说道："阖闾贪若豺狼，对诸侯封地早已垂涎，现今未殃及秦国实乃楚国屏障之功。楚兴则秦安，楚灭则秦危。现在楚国沦陷，秦国门户已大开。大王如果求一时之安，坐视不救，恐怕后祸瞬息即至呀。"

秦哀公听了申包胥的话后，于情于理皆有感触，但是吴国是新胜之师，秦军也只能暂避其锐气，想到这里他说道："先生先去馆舍歇息，出兵之事容本王与众卿商议之后再告知先生。"

第二天，秦哀公刚刚起床，突然听到外面有人在哭，而且哭得还特别伤心，秦哀公感到好奇，便问人外面发生了什么事情。过了一会儿，有人回报说道："昨天申包胥并没有回馆舍，而是倚着宫墙哭泣了一夜。"秦哀公听了连忙命人将申包胥送回馆舍，申包胥不听，说道："国君逃亡，此时不知正在何处安身，做臣下的怎么能安心居于馆舍呢？"秦哀公听了无奈地叹了口气，只得转身回朝，而申包胥则依然身倚宫墙泪流不止。申包胥自知别无他法，说不服秦哀公就搬不到救兵；搬不到救兵，自己又如何面对那些正处于水深火热中的楚国父老呢？一想到这些，申包胥就更加难过伤心了，于是他一连哭了七天七夜。在这七天七夜里，申包胥水米不进，哭声不绝。这哭声，一是为逃亡在外的楚昭王，二是为数百年的楚国基业，三是为数十万成为亡国奴的楚国苍生。

见申包胥如此志坚，秦哀公最终为之折服，他走出皇

宫亲手扶起申包胥说道："楚国有如此忠臣，秦国若再坐视不管，岂不成了无情无义？现在本王答应你出兵救楚。"听了秦哀公的话，申包胥泪如泉涌，连连深拜。秦哀公派出大将子蒲和子虎率军随申包胥救楚。申包胥来不及洗浴进食，嘱托子蒲和子虎从商谷向东至襄阳，自己先行一步去找楚昭王，然后再率军在石梁山与子蒲、子虎会师。

楚昭王得知秦国出兵相救时不由一阵大喜，急令子西率军随同申包胥前往石梁山。两军会师后越过楚境直逼郢都。秦楚联军刚入楚境就遇到夫概的军队，不过这时夫概的军队并非精锐之师，而是劫掠之军，正在楚境四处打劫。遇到楚军不由大惊，夫概也未想到楚军会反扑，惊异之下很快就镇静下来，指挥吴军进攻。

申包胥让子蒲和子虎分别率领秦军左右迂回至吴军背后，自己站在楚军阵前，登车高呼道："楚军将士，吴军占我郢都，掘我王陵，凌我民众，罪恶滔天。现在仇敌就在眼前，全军将士，即刻杀敌！"楚军怒吼着如同滔天巨浪一般席卷而来。

两个月前还是精锐之师的吴军，如今士气早因沉于享乐而变得低迷，现在仓促迎敌，不是手无寸铁，就是甲胄未穿。所以，在秦楚联军的进攻下很快就有数百名兵士丧命。夫概见大势已去，拼命杀出一条血路落荒而逃。等他逃回郢都时，身后五千吴军基本上是全军覆没。阖闾得知此消息时极为震惊，并怒斥了夫概一顿。夫概当时正在气头上，见阖闾如此说自己，也不顾什么君臣礼仪了，就和阖闾拍案对骂，两人不欢而散。阖闾也没时间与他争论什么，赶忙命伍子胥和伯嚭率军拦截秦楚联军。

吴将还是伐楚的大将，吴兵还是伐楚的士兵，但不幸的是，吴军早已丧失了当初伐楚时那锐不可当的虎气。而现在的楚军同仇敌忾，力抗外侮，加上又有秦国大军增援，吴楚之战形势发生了大逆转。孙武自入郢以来就一直劝谏吴王整肃军纪以防楚军回攻，可是一直沉溺于称霸喜悦之中的阖闾对此置若罔闻。

孙武得到了阖闾的命令之后，带领一万精兵驰援汉水力挽狂澜。夫概随后请战，阖闾大喜，拨给他两万精兵。秦楚联军的攻势在孙武的打击之下很快止住了。阖闾不由一阵欣慰与高兴，但是阖闾还没高兴两天呢，就被一个消息惊得一下子跌落在地上——"夫概叛乱了。"

夫概争夺王位的念头是早已经有了的，他认为既然公子光能刺杀吴王僚而成为吴王阖闾，那么他同样也可以夺位而摇身一变成为吴王夫概。夫差被囚禁之后，大夫被离秘密派人星夜给远在郢都的阖闾送信。阖闾无论如何也想不到会有如此结局，他急急派人报于孙武和伍子胥。孙武倒很镇静，这一切仿佛都在他的预料之中一般。

孙武命伍子胥和伯嚭趁夜色率军潜回郢都，他自己在汉水继续抵挡秦楚联军。就这样，吴军主力迂回绕道西北秘密回国。因为孙武深知夫概带领区区两万人是不敢兴风作浪的，他的背后必有靠山，而此时兵力充沛，同时又对吴国垂涎已久的肯定是越国。伍子胥和伯嚭率领的四万大军仿佛从天而降，在黎明之前就包围了姑苏城。城内叛军一片混乱，夫概自恃手中有夫差为筹码，寄望于越军的反扑。

就在夫概还沉迷于自己的幻想之中时，一封封书信绑在雕翎箭上射入城中，这是孙武采用的攻心之策。城内的吴军大都是在夫概胁迫之下无奈叛国的，加之姑苏城内原有的兵士拥戴夫差已久，所以夫概很快就陷入了孤立无援之中。

越国眼见与秦楚夹击的时机丧失，灭吴也无希望，于是就退兵回本国了。夫概最后一丝幻想破灭了，只好通过挟持夫差来逼迫阖闾退兵。谁知等他去找夫差时，却发现夫差早已让被离放了。守城的兵士临阵倒戈打开城门，城外吴军涌入城中。夫概只好趁乱乔装改扮逃离姑苏，从此不知所终。

✺夫差继位报父仇✺

回到姑苏城后，吴王阖闾心里十分恼火。自己处心积虑了十几年，灭亡楚国的计划到最后还是功亏一篑，他不反思自己，反而认为这一切都是越国趁火打劫所造成。一想到这儿，阖闾决心要教训一下越国。公元前496年，越王允常去世，他的儿子勾践继位。这个消息传到吴国之后，阖闾高兴极了，他认为勾践新登王位，国基不稳，讨伐越国的时机到了。于是，他不顾大臣们的反对，亲率大军，向越国边境进犯。勾践听说吴国来犯，急忙调集兵马，率领大军渡过钱塘江，来到了一个叫做樵（sǔn）李的地方准备迎战。

吴国军队杀气腾腾，在樵李安营扎寨，并布下了难以攻克的奇门阵术。勾践观看之后自认为不是吴王阖闾的对手，这时他突发奇想，想出一计，他让文种从狱中带来已被判死刑的三百名犯人，对他们安慰了一番，并答应给他们的家人以优待，让他们充当敢死队，送到阵前自尽，用来分散敌军的注意力，然后越军再攻打敌军的薄弱环节。三百名死囚本已无生还之望，在狱中死也是死，在阵前死也是死，于是他们把剑挂在脖子上，走到敌阵前方，一齐高喊："视死如归！视死如归！"然后自杀于吴军阵前。吴军将领从未见过如此血淋淋的场面，一时乱了阵脚。这时越军趁机冲了过来，破了八卦阵正中的天门阵。吴王阖闾见自己摆下的奇门阵术被攻破，不由仰天长叹，但依然不肯退兵。就在他固执地抵抗越军时，突然一支利箭刺来，正好刺中阖闾前胸，太子夫差和几员猛将前去救援，同时退兵到离槜李70里地的地方。此时，吴王阖闾已经气若游丝，他在死前拉着夫差的手，断断续续地说："毋忘……勾践杀……父之仇……！"之后就一命呜呼，死于夫差怀中。

　　槜李之战后，勾践打败了吴王阖闾，越国一时之间震惊天下。吴国太子夫差带着父王的尸体回到吴国后，先是为父王举行了葬礼，而后在群臣拥护下继承王位。在继承王位的那一天，夫差对天发誓说："我一定要灭掉越国，手刃勾践，替父报仇！"为了使自己时时刻刻不忘勾践杀父之仇，夫差派人站在宫廷门口，一见到自己出现，就要大声提醒："夫差！你忘了越王杀你父亲的仇恨吗？"夫差马上回答："我当然不敢忘！"与此同时，伍子胥为了悼念死去的吴王，也开始废寝忘食，一心想着灭掉越国，替阖闾报仇。就这样，三年后，吴国的国力恢复，吴国上下同仇敌忾，伐越报仇的各方面都已准备就绪。

　　而在越国，自从勾践打败了阖闾后，他就变得狂妄起来，自认为不可一世，根本不把夫差放在眼里，认为吴国已不足为惧。勾践回国后犒劳三军，大摆宴席，终日沉浸在胜利的喜悦之中，并未感到灾难即将来临。

　　这年春天，吴越正处于僵持阶段，战争尚未发生，越王勾践没有料到吴国会对自己进行突然袭击。公元前494年，吴越两国为争霸天下重燃战火。吴王夫差立下重誓，三年来秣马厉兵，养精蓄锐，一心为父报仇。他到宗庙祭告过祖宗神灵之后，就下令以伍子胥为大将，伯嚭为副将，率领吴国全部的精兵直攻越国。

　　面对吴军的来势汹汹，勾践依旧显得不可一世。认为这次还会像上次一样轻易就把吴兵打个落花流水。然而夫差此次伐越，并不像阖闾上次那样一意孤行，不听忠臣的劝谏，以至于自己最后死在沙场之上。此次夫差出兵，有如猛虎下山，伍子胥又是疆场老将，屡次立下功勋，所以对此次伐越夫差是信心十足。他对夫差说："大王迷惑勾践主动出兵，再派五千兵卒在钱塘、富春一带佯作攻敌，而主力则乘船强渡太湖，做出从水路进攻的架势，勾践肯定会出兵迎击。等他出兵之后，再断其退路，对勾践予以狠狠的打击，置之死地。"

　　夫差用其良策，派兵佯装进攻。就这样，仅仅两个月，勾践发现有大批吴军在越国边境出没，于是不听范蠡和文种的劝谏，说道："现在吴国出兵伐越了，不管谁出言阻拦我都要出兵迎战。因为我们出师是名正言顺的，决不能让吴国有机会喘息。"说完他立即调动兵马主动出击，想打吴国一

◎范蠡：字少伯，春秋末期的政治家、军事家和经济学家，楚国宛（今河南南阳）人。公元前496年前后入越，辅助勾践二十余年，终于使勾践于公元前473年灭吴。范蠡认为大名之下，难以久居，遂乘舟泛海而去。后至齐，父子戮力耕作，致产数十万。齐人闻其贤，使为相。范蠡辞去相职，定居于陶（今山东定陶西北，另一说法为山东肥城陶山）经商积资巨万，人称"陶朱公"。

个措手不及。当勾践到达富春时，对岸的吴兵在江面上驰来驰去，勾践原本就缺乏战斗经验，加上自己又年轻气盛，完全没有察觉这只是夫差的诱敌之计，也没有料到吴国大部分军队都埋伏在后面，于是他命令全军抢渡富春江。

　　吴国的军队见勾践中计，骑兵队又沿山边的小路向北方佯装逃遁。这样一来就更加使得勾践穷追不舍了，以为吴军不足为惧。越军追上了，吴军就与其交战一番，并且不分胜负；追不上，吴军就拼命地跑。这样一逃一追之下，就把越军引入了一个小渔村。此时的勾践过高地估计了自己，加上内心不愿舍弃此次灭吴的机会。当他们追到濒临太湖的夫椒地带时，越军已因长路追袭而疲倦不堪，一心求胜的越王勾践并没有想到该退求保全，而是选择了继续前进，并把自己的弱点全部暴露给了吴军。乘着轻舟而来的吴军主力就在此袭击了越军主力，越军躲在山石后面与吴军对战。此时天时地利都不利于越方，他们只有挨打的分。吴军乘风射远箭，而越军却是逆风射箭，两军对垒的结果，胜负已是十分明显了。吴军以勇猛、精湛、强大取胜，杀死了大部分的越军；

越军在乱箭齐发下，已经溃不成军，几乎没有还手之力，只好争先恐后四处逃窜。吴军不给越军任何喘息的机会，对那些急忙逃窜的越军射出数千支冷箭，剩下的越军只好攀上险峻的悬崖峭壁，逃于山中，或者是隐藏在峡谷里。

勾践本人幸得保全性命，没有被乱箭射死。他此时才后悔莫及，带着残余军队匆忙向离夫椒九十公里的会稽山逃奔而去。而吴军穷追不舍地跟随于后，想把勾践置于死地。所幸的是，得知消息的范蠡和文种带着救援的两千精兵先行到会稽山中救出了勾践。此时勾践的失败已成定局。

在范蠡的建议下，勾践只得派一个能言会道之人前去吴营求和。使者来到夫差营帐，久跪于地上说道："大王如果能够赦免勾践死罪，勾践自己愿做吴国的奴隶，终生服侍吴王，交出所有金玉、宝物，并将子女贡献给大王。而越国所有的大臣和将领也愿追随大王左右，听大王调遣，越国世世代代朝见于吴国。倘若大王坚持剿灭越国，不肯赦免勾践死罪，那么勾践就只好杀其妻女，烧毁宝物，率领剩下的士兵决一死战。愿大王仔细斟酌，相互比较下，哪一种对大王更有利些？"

已被范蠡、文种贿赂过的伯嚭也在一旁游说道："越王已经臣服，如今越国算是吴国的附属国了，赦免了勾践，可以宣扬大王的仁德，对吴国有利而无害。"夫差听了文种的话，认为勾践现在就像一条无容身之所的丧家之犬，对自己已产生不了危害，加上又刚登上王位不久，狂妄自负，心高气傲，心想留着勾践一条命，日后也好显示他的仁义恩德，更好地让其他的诸侯国臣服，想到这他就答应了下来。吴越两国在夫椒的一场生死搏斗，最终以和谈结束。公元前492年，也就是勾践即位的第五年，根据吴越双方和谈的条约，勾践带其夫人一起入吴为奴仆，越国从此成为吴国名下的一个附属国。

❋ 卧薪尝胆，勾践复仇 ❋

　　勾践带夫人进入吴国为奴仆之后，他们白天切草喂马、打扫粪便、洗刷车辆，晚上就睡在阖闾墓旁边的石屋里。室内阴暗，勾践就睡在那些柴草上面，任凭风吹日晒，吃着别人剩下的残菜剩饭，过着猪狗不如、朝不保夕的生活。

　　一天夫差生病，勾践前去问候，还掀开马桶盖观察夫差刚拉的大便，"问疾尝粪"，以博得吴王夫差的欢心。就这样，三年时间过去了，由于勾践小心服侍，再加上伯嚭不时接受文种所送的礼物而在夫差前为勾践说好话，使得夫差认为勾践已真心臣服，便于公元前490年让勾践夫妇和范蠡三人回到了自己的国家。

　　回到越国，大臣们一见勾践，又是高兴又是伤心。勾践对他们说："要不是大家这么尽心尽意地出力，我勾践哪能有回国的一天。"范蠡说："这是大王的洪福，只要大王从今以后时时刻刻记住在坟头石屋里的苦楚就行了。"勾践说："我决不叫你们失望！"回来后勾践叫文种管理国家大事，让范蠡训练兵马，自己很虚心地接受别人的意见，想办法救济穷苦的老百姓。这样一来，全国上下的人个个恨不得

把自己的能耐全都拿出来，好让越国尽快变成一个强国。

勾践为了防止舒服的生活消磨掉自己的志气，他就把软绵绵的褥子撤下去，拿柴草当褥子，并在自己吃饭的地方挂上个苦胆，每逢吃饭的时候，先尝一尝苦胆。由于这次越国遭受的是亡国之祸，百姓大批地被屠杀，人口减少了，所以勾践就订出几条奖励生养的条例来，如上了年纪的人不准娶年轻的姑娘做媳妇儿；男子到了二十岁，女子到了十七岁，还不成亲的，父母就要受处罚；快要临盆的女人，必须报官，好派官医去照顾她；添个儿子，国王赏她一壶酒，一条狗，添个女儿，国王赏她一壶酒，一口猪；有两个儿子的，官家负责养活一个；有三个儿子的，官家负责养活两个……种地的时候，越王还亲自拿着锄头在地里干活，为的是让庄稼人好提起精神，加紧种地，多打粮食……

没过多久，越王得知夫差打算起造姑苏台，于是就与自己的臣下商议了一下，预备了几根又长又大的木料，打发文种送了过去。夫差从来没见过这么好的木料，非常高兴，就命令姑苏台照原来的设计再加高一层。这么一来，工程可就变大了。吴国的百姓没日没夜地干活不说，还经常因为做得慢而挨打受骂。

为了进一步麻痹夫差，让他沉迷于酒色之中，勾践叫文种和范蠡向吴王进贡美

◎姑苏台：又名姑胥台，在苏州城外西南隅的姑苏山上。姑苏台遗址即今天的灵岩山。 公元前492年吴王夫差自战胜越国之后，在吴中称王称霸。他得意忘形，在国内大兴土木，到处建造宫室、亭台楼阁，作为他享乐的"蓬莱仙境"。

人儿。范蠡听了说："托大王洪福，我已经物色到了一位名字叫西施的美人儿，她情愿舍出自己的身子，去给大王报仇。"越王听了就派范蠡给

◎西施：名夷光，春秋战国时期出生，汉族，今浙江苎萝村人。西施是中国古代四大美人之一，又称西子。西施与王昭君、貂蝉、杨玉环并称为中国古代四大美女。其中西施居首，是美的化身和代名词。四大美女享有"闭月羞花之貌，沉鱼落雁之容"。"闭月、羞花、沉鱼、落雁"是一个个由精彩故事组成的历史典故。

夫差送去。夫差一见西施，以为是神仙下凡，很快就成了西施的俘虏。

有一回，夫差对西施说："今天越国的大夫文种上这儿来借粮，他说越国收成不好，打算借粮一万石，过年如数归还。你看应该怎么办？"西施装出十分伤心的模样说："家乡的老百姓忍饥挨饿，我自己却在吴国锦衣玉食，实在是不应该。"看到美人难过的模样，夫差一阵心疼，于是很快就答应了下来。

文种领了一万石粮食回到越国，把这些粮食全部都分给穷人。到了第二年，越国丰收，文种就挑选上好的、可以做种子的粮食一万石，亲自还给吴国。夫差见勾践不失信，更加高兴了。他把越国的粮食拿来一看，粒粒足实饱满，就对伯嚭说："越国粮食的颗粒比咱们的大，就把这一万石当做种子。"伯嚭听了就把越国还回的粮食分给百姓，叫他们去种。到了春天，吴国人下了种，天天等着新秧长出来，可是等了十几天也没见发出芽。刚开始他们还想，好种子大概要

比普通种子出得慢一点，就耐心又等了几天，没想到过不多久全国撒下去的种子全霉烂了，他们没有了主意，最后只好再用自己的种子，可是已经误了下种的时间。吴国的百姓都怪吴王和伯嚭不顾土地合适不合适，就冒冒失失地用了越国的种子。他们哪儿知道，越国送去的粮食，原来都是已经蒸熟晒干的。

越王勾践听见吴国闹饥荒，就想发兵，文种说："伍子胥还没走，咱们还得等个机会。"越王听了只好耐心等候机会，并趁这个时候扩大军队，操练兵马。

伍子胥听说越王勾践操练兵马，就去见夫差。夫差听了伯嚭的话，不理他。夫差要去征伐齐国，伍子胥又出来反对。一心想当霸主的夫差哪里肯听他的，亲自带兵进攻齐国。他在齐国打了个胜仗，扬扬得意地回到吴国，文武百官全都道贺，只有伍子胥冷冷地说："赢了齐国只是得了点小便宜，越国才是吴国的最大灾祸。"夫差听了十分生气。没多久，他就烦透了伍子胥，后来又经西施一说，就派人给伍子胥送去一把宝剑，让他自杀了。夫差杀了伍子胥，拜伯嚭为太宰，会合中原诸侯当了霸主。公元前482年，夫差发兵又打败了齐国，大军到了卫国的黄池，他便约会诸侯来开大会。晋国、卫国、鲁国害怕，于是都承认夫差为首领，订立了盟约。

可是吴王从黄池大会回去时，到了半路上，让他感到意外的消息一个跟着一个地传了过来：越王勾践已经发大军打进吴国去了。吴国的士兵知道国内打了败仗，加上远道劳累，已经没有打仗的精力了。越国的兵马是经过好几年训练

的，两边一交手，吴国的兵马就像秋天的树叶子经大风一刮，就给打得七零八落了。夫差只好派伯嚭去跟越王求和告饶，伯嚭带着好些贵重的礼物跑到越国的兵营，跪在勾践面前，央告求和。范蠡对越王说："吴国还有实力，不是一下子就能灭了的。"勾践就答应了跟吴国讲和，退兵回去了。

公元前 473 年，越王勾践带着范蠡、文种，亲自率领大军进攻吴国。吴国的兵马一连打了好几回败仗，伯嚭抵挡不住，领头投降了。吴王夫差被逼得走投无路，说："我还有什么脸去见伍子胥呐？"说着就拿衣服遮住自己的脸自杀了。吴国的将士到这会儿死的死，逃的逃，剩下的都投降了越国。就这样，吴国被越国灭了。

✸ 悄然归隐修兵书 ✸

自从年轻的吴王夫差听信奸臣的挑拨，逼死伍子胥之后，深知"飞鸟绝，良弓藏；狐兔尽，走狗烹"道理的孙武，在对伍子胥的惨死感叹之后便悄然归隐，息影深山了。根据自己训练军队、指挥作战的经验，修订兵法13篇，使其更臻完善。

这一天，孙武又重新研读穰苴叔叔传赠给他的《司马穰苴兵法》，并被其中的哲理和军事理论深深吸引。看书看久了，不由得浑身酸痛与疲惫，于是他放下书，起身走出书房散散心。当时正值严冬，寒风吹到脸上，让孙武的头脑顿时为之清醒。他一边思索着刚才所看的书籍，一边舒展着筋

骨，一会儿就转到了自家后院。后院的几株梅树争妍斗艳，开得正盛，一时吸引了他的注意。他仔细看去，只见满树的梅花竞相绽放，在凛冽的寒风中毫无怯意。孙武站立树前静心观赏，忽然，一阵寒风袭来，枝干摇曳，接着落英纷纷，视之令人迷离。孙武看到这里心中一动，不由得有所领悟，于是他就模拟着梅枝、梅花的形态，开始活动自己的四肢。

在活动身体之后，孙武又回到书房，这时只觉身上神清气爽，浑身舒服。就这样，第二天，第三天……一连几天，孙武看书看累了，就会到梅树林中模仿梅枝、树花的形态锻炼一会儿。时间一长，孙武就想到，梅花不畏严寒的品质让人叹服，且梅花有密有疏，有虚有实，整株梅树刚柔相济，与齐国的技击之术有着几分相似之处。想到这里，孙武再也坐不住了，他根据齐人的技击之术，结合梅树、梅花的形态变化，独创出一种用于强身健体、攻敌制胜的拳法套路。这套拳法被后人称为"梅花拳"。

为了在有生之年尽快将自己的兵法完善，孙武将行李搬进了书房，吃在那里，睡在那里，工作也在那里。那里是简山腴海，孙武就像一位渔翁，驾着一叶轻舟，劈波斩浪，颠簸于汪洋大海之上。他寝不上床，食无定时，一日三餐，家人都将饭菜端到他的书房来，可常常是午饭端来了，早饭尚未动；晚饭端来了，午饭却一口未吃。妻子劝，他也无动于衷；在完善兵法这一漫长的时间里，饮食对他来说无关紧要，哪怕是燕窝鱼翅，他也食而不知其味。而当他感到饥饿难忍时，就是随手抓过的一个干硬的馒头，他也嚼得很香，有滋有味。

夜间，孙武和衣而眠，伏案而睡。他的桌子旁有一盆冷水，冷水中有一方葛巾，每当困倦袭来，他便以冷水擦面，或把整个头脸都伸进面盆里浸泡片刻，让自己清醒一下，一夜数次直到晨曦爬上了窗棂。

孙武一天天在消瘦，身体在一天天虚弱，精神一天不如一天。看到这里，他的妻子鲍姜氏也将自己的日常用品搬进了丈夫的书房，伴丈夫一起在这里度过。一年三百六十五日，孙武的饮食由她亲自做。饭菜端进了书房，她催着孙武吃，有时孙武不吃，她就一口一口地喂他吃。就这样，在夫人鲍姜氏的照顾下，孙武的身体才渐渐有所好转。

盛夏的一天深夜，孙武正在著《兵法》，只见他一会锁眉凝思，一会伏案疾书。这一天，天气特别的热，周围蒸气腾腾，热得人们直冒汗。书房里孙武只穿一身短裤褂，张着嘴喘息不止，他的妻子鲍姜氏手持团扇，不停地给丈夫扇风，或者用葛布浸湿，轻轻地给丈夫擦拭周身。突然，后院里火光冲天，照得天地一片通红；接着锣声阵阵，不绝于耳，喊声、喧嚷声如同潮水般冲了过来。

孙武连忙与夫人冲出书房，奔向大火燃烧的地方。原来是后院的马厩起火了，马厩前挤满了人，有人闯进了厩棚，欲将那数十匹骏马赶出来。然而马多门小，那些受惊的马纷纷挣断了缰绳，嘶鸣踢咬，窜来奔去乱作一团。大火是从马夫的居室烧起的，两位马夫冲出了火海，脱离了险境。就在大伙儿慌得不知道怎么做时，孙武突然听到室内有老者呼救呻吟的声音，孙武高喊一声："快，快，救人要紧！"说着就奔向这间居室。马夫的居室早已为大火所吞噬，房顶烧得噼噼啪啪作响，眼看就要散架，孙武连忙扑进火海，去救那个老马夫……

就在大伙儿正为孙武担心时，不知过了多久，孙武拖着浑身熏黑的一老者跟跟跄跄地走出火海。只见他头发焦煳，衣裤冒烟，走了三五步就一头栽倒在地……老马夫得救了，孙武却被烧成了重伤。一连几天，孙武高烧不退，全家上下都为他捏一把汗。好在经过治疗与调养，孙武很快就转危为安了。等高烧一退，浑身涂满了药膏的孙武，就强咬牙关，挣扎着开始了他那《兵法》的著述工作。后来他的妻子实在看不下去了，就帮助他让他口叙，自己记录，记录一段之后，妻子再读给他听。

就这样秋去冬来，日短夜长，孙武凭借着顽强的毅力与精神，把自己长期以来搜集到的各种资料，包括平时的读书笔记、心得体会、作战经验等等，一一进行归类、整理、编辑，去粗取精，去伪存真，最终完成了现在享誉海内外、被奉为"兵经""兵学圣典"的《孙子兵法》这一鸿篇巨制。《孙子兵法》共有十三篇，故后世又称为《孙子兵法十三篇》。它们依次是：

第一篇《始计》

第二篇《作战》

第三篇《谋攻》

第四篇《军形》

第五篇《兵势》

第六篇《虚实》

第七篇《军争》

第八篇《九变》

第九篇《行军》

第十篇《地形》

第十一篇《九地》

第十二篇《火攻》

第十三篇《用间》

《孙子兵法》是世界上最早的兵书之一，在中国被奉为兵家经典，后世的兵书大多受到它的影响，它对中国的军事学发展影响非常深远。《孙子兵法》有丰富的辩证法思想，书中探讨了与战争有关的一系列矛盾的对立和转化，如敌我、主客、众寡等。《孙子兵法》正是在研究这种种矛盾及其转化条件的基础上，提出其战争的战略和战术的。这当中体现的辩证思想，在中国辩证思维发展史中占有重要地位。《孙子兵法》谈兵论战，集"韬略""诡道"之大成，被历代军事家广为援用。

《孙子兵法》曾被誉为"前孙子者，孙子不遗；后孙子者，不遗孙子"。如今它所阐述的谋略思想和哲学思想，已被广泛地运用于军事、政治、经济等各领域中。该书被翻译成英、俄、德、日等二十九种文字，全世界有数千种关于《孙子兵法》的刊印本。不少国家的军校把它列为教材。

1.兵者，国之大事，死生之地，存亡之道，不可不察也。

《孙子兵法·始计第一》

兵，这里指军事。地，本意是地域（yù），这里引申为领域。道，根本道理。察，考察。

军事是国家的大事，是关系到人民生死的领域，也是关系到国家存亡的根本道理，所以是不能不深入考察的。

2.将者，智、信、仁、勇、严也。

《孙子兵法·始计第一》

将，将领。

合格的将领，必须具备足智多谋、赏罚（fá）有信、仁爱部下、勇敢果断、治军严明的素质与能力。

3.势者，因利而制权也。

《孙子兵法·始计第一》

势，形势、情势。权，权且、权宜，引申为灵活运用。

有利的客观形势也是人们从有利的原则出发，根据实际情况，采取机动灵活的措施造成的。

4.兵者，诡道也。

《孙子兵法·始计第一》

诡道，欺诈（zhà）的方法和计谋。

用兵就是一种诡诈的方法，需要运用种种欺骗敌人的手段。

5.能而示之不能。

《孙子兵法·始计第一》

能，有战斗力，能和敌人交战。而，却。示，向敌人显示。之，敌人，地方。不能，不能作战，没有实力。

自己有战斗力，能够和敌人作战，却向敌人显示出一种自己不能和敌人

交战的样子。

6. 用而示之不用。

《孙子兵法·始计第一》

用，意图要作战。

意图是作战，反而装作不要作战。

7. 乱而取之。

《孙子兵法·始计第一》

敌方混乱不堪时，我方就乘机攻取它。

8. 实而备之。

《孙子兵法·始计第一》

敌方军备充实、势力强大，就要多加防备。

9. 怒而挠之。

《孙子兵法·始计第一》

敌方如果容易恼怒，就应该不停地骚扰他。

10. 攻其无备，出其不意。此兵家之胜，不可先传也。

《孙子兵法·始计第一》

要在敌人没有准备时，突然发起攻击，使我方的进攻出乎敌方意料。所有这些，都是军事家们用兵取胜的方法，这些都只能根据时间、地点和人灵活运用，而无法事先传授。

11. 夫未战而庙算胜者，得算多也；未战而庙算不胜者，得算少也。多算胜，少算不胜，而况无算乎！

《孙子兵法·始计第一》

庙，庙堂。庙算，指庙堂上的计算与谋划。

用兵打仗之前，君主或统帅都要在庙堂上进行策划谋算。谋算得多，非常周密，胜过了敌方，在战争中取胜的机会就会多一些；相反，谋算很少，很不周密，不能胜过敌方，取胜的可能性也就会很少，更不用说那些根本不进行谋算的了。

12. 故兵闻拙（zhuō）速，未睹（dǔ）巧之久也。夫兵久而国利者，未之有也。

《孙子兵法·作战第二》

拙速，笨拙的速度。巧，灵巧、技巧，巧之久是指因用计灵巧而能使用兵持久。

所以，在用兵上，只听说有指挥笨拙但却要求战争迅速解决的，从没有见过有指挥灵巧而要求战争持久的。因为长久地对外用兵而能对国家有利的事，是从来没有过的。

13. 不尽知用兵之害者，则不能尽知用兵之利也。

《孙子兵法·作战第二》

不完全懂得用兵危害的，就不能完全懂得用兵的好处。

14. 善用兵者，役（yì）不再籍（jí），粮不三载；取用于国，因粮于敌，故军食可足也。

《孙子兵法·作战第二》

役，这里指服兵役。籍，登记在册子上。粮，作动词用，征集粮食。三载，三次。用，指军用物资。国，指国内。因，依托。敌，敌国。

善于用兵的人，他们不再次征兵也不多次从国内征收军粮。在战争中，他们只从本国取用军用器材物资，而依靠从敌国筹集粮食，这样，军队的粮食才能够用。

15. 杀敌者，怒也。

《孙子兵法·作战第二》

怒，怒气，愤怒的情绪。

要使将士们英勇杀敌，就要激发出他们对敌人的仇恨。

16. 取敌之利者，货也。

《孙子兵法·作战第二》

利，物资。货，财货，物质奖励。

要使士兵们能够勇敢地在前方夺取敌人的物资，就需要对他们进行物质上的奖励。

17. 车战，得车十乘已上，赏其先得者，而更其旌（jīng）旗，车杂而乘之，卒善而养之，是谓胜敌而益强。

《孙子兵法·作战第二》

已上，同"以上"。赏，赏赐。先得，指首先夺得战车的人。旌旗，这里指战车上敌军的旗帜。杂，夹杂。卒，被俘虏的敌人。养，抚养。

在车战中，凡是夺得敌方战车十辆以上的，应当奖励首先夺取战车的人，并且更换战车上的旗帜，混合编进自己军队战车的行列。同时还要善待俘虏，保证他们的生活供给。这样做，才能既战胜敌人，又增强自己军队的战斗力。

18. 兵贵胜，不贵久。

《孙子兵法·作战第二》

用兵作战贵在速战速决，而不可以旷（kuàng）日持久。

19. 百战百胜，非善之善者也；不战而屈人之兵，善之善者也。

《孙子兵法·谋攻第三》

屈，屈服，使敌人屈服。

一百次作战一百次胜利，并不是最好的；只有不用和敌人作战就使敌人屈服，才是最好的。

20. 上兵伐谋，其次伐交，其次伐兵，其下攻城。

《孙子兵法·谋攻第三》

上，上等，最好的。兵，用兵方法。伐，进攻。谋，计策。交，外交。（伐）兵，军事进攻。

最好的用兵方法是以谋略取胜，其次是运用外交手段取胜，再次是以军事手段取胜，最差的要算强攻敌国的城池了。

21. 君之所以患于军者三：不知军之不可以进而谓之进，不知军之不可以退而谓之退，是谓縻（mí）军；不知三军之事而同三军之政，则军士惑矣；不知三军之权而同三军之任，则军士疑矣。三军既惑且疑，则诸侯之难至矣。是谓乱军引胜。

《孙子兵法·谋攻第三》

患，忧患、不利。縻，束缚。三军，指军队。政，政务。惑，困惑。疑，疑虑。难，危难。乱，扰乱。

国君对于军队不利的事有三个：不了解军队不可以前进，却硬要军队前进；不了解军队不可以后退，却硬要军队后退；不了解军队的事情，却要总管军队的政务，以致让将士们产生困惑；不懂得军队作战的灵活与变动，却要干预军队的指挥，以致让将士们产生疑虑。将士们既困惑又疑虑，那么各诸侯国乘机进犯的灾难就要降临了。这叫做自己扰乱军心，招引敌军取胜。

22. 识众寡（guǎ）之用者胜。

《孙子兵法·谋攻第三》

识，了解。众，众多。寡，少。

懂得怎样用众多的兵力作战，也懂得怎样用少量兵力作战的人，会取得战争的胜利。

23. 以虞待不虞者胜。

《孙子兵法·谋攻第三》

虞，料想，准备。

用有准备的一方对付没有准备的一方，有准备的一方胜利。

24. 知彼知己，百战不殆（dài）；不知彼而知己，一胜一负；不知彼不知己，每战必殆。

《孙子兵法·谋攻第三》

殆，危险、失败。

　　了解敌方的情况，也了解我方的情况，就能百战百胜而不会有危险；不了解敌方的情况，只了解我方的情况，就会有时胜利，有时失败；既不了解敌方的情况，也不了解我方的情况，那么每次用兵都必定失败。

　　25. 昔之善战者，先为不可胜，以待敌之可胜。不可胜在己，可胜在敌。

　　《孙子兵法·军形第四》

　　不可胜，不可以被敌军战胜。在己，在于自己。在敌，在于敌人。

　　从前善于打仗的人，总是预先造成一种不可被战胜的形势，来等待敌军有可能被战胜的时机。不可被战胜形势的造成，决定于自己这一方。而能不能提供可以被战胜的时机，却是决定于敌人那一方。

　　26. 古之所谓善战者，胜于易胜者也。

　　《孙子兵法·军形第四》

　　古时所讲的善于打仗的人定会取得胜利，指战胜那些容易战胜的敌人。

　　27. 善战者，立于不败之地，而不失敌之败也。

　　《孙子兵法·军形第四》

　　失，丧失。敌之败，敌人的失败。

　　善于打仗的人，总是让自己先处在不会被打败的境地，同时又不放过使敌人失败的时机。

　　28. 胜兵先胜而后求战，败兵先战而后求胜。

　　《孙子兵法·军形第四》

　　胜兵，打胜仗的军队。先胜，先取得必胜的形势。败兵，打败仗的军队。求胜，谋求胜利。

　　打胜仗的军队总是先取得必胜的形势，然后才向敌人宣战；而打败仗的军队总是先盲目作战，然后再去求取胜利。

一岁 据《史记》和《新唐书》所记，孙武是陈国公子孙完后裔。至公元前544年，孙武一周岁。

公元前539年 六岁 孙武在齐国。他的田地放贷，大斗出，小斗进，使民归之如流水。

公元前522年 二十三岁 孙武在齐国博览群书，研究历代战争兵法理论，为日后著《孙子兵法》做准备工作。当时楚中大夫费无极诬陷太子建将以方城之外为叛，让楚平王召见，太子建得知后先是奔宋，后又奔郑，为郑人所杀。接着费无极又设计让楚平王杀了伍子胥父兄及全家三百余口，伍子胥奔吴。

公元前521年 二十四岁 孙武成婚。

公元前515年 三十岁 高昭子联合栾、鲍、田三家反晏婴，孙凭参与其中，恐遭败后株连，孙武挈妻子奔吴，隐于穹窿中。吴王僚十二年，攻楚围潜（今安徽省霍山东北）。楚左尹伯郤宛等绝其后，吴军被困不能退。公子光利用时机，设宴请吴王僚赴会，遣专诸刺王僚。姬光继位，为吴王阖庐（闾）。

公元前514年 三十一岁 阖庐任用伍子胥为行人，伯嚭为大夫。伍子胥奉阖庐之命，请孙武出山练兵斩姬。阖庐拜孙武为元帅兼军师，执掌吴之国政。

三十九岁 晋以周王室名义会十八国诸侯于召陵，谋攻楚。晋荀寅向蔡昭侯求赂，不得，伐楚夭折。后来囊瓦围蔡国，吴国救之，从此开始了吴破楚，入郢之战。吴军至淮弃舟，越大别山，进攻楚囊瓦军于柏举，最后胜利攻入郢都。囊瓦奔郑；昭王逃入云梦泽中。楚申包胥求救于秦，哭秦廷七日，秦哀公乃许出兵。

公元前505年 四十岁 秦救楚，败吴兵，阖庐弟夫概回吴自立，阖庐先回吴，夺回王位。吴军相继班师回国。楚昭王回郢。

公元前503年 四十二岁 孙武见吴王日益专横，生活糜烂，沉溺于酒色，不纳臣谏，遂以回国探亲为由，隐遁山林，从此史无所记。

孙 子 生 平 大 事 年 表